Félix Lope de Vega

Las bizarrías
de Belisa

Barcelona **2024**
Linkgua-ediciones.com

Créditos

Título original: Las bizarrías de Belisa.

© 2024, Red ediciones S.L.

e-mail: info@red-ediciones.com

Diseño de cubierta: Michel Mallard.

ISBN tapa dura: 978-84-1126-186-9.
ISBN rústica: 978-84-9816-201-1.
ISBN ebook: 978-84-9897-732-5.

Sumario

Brevísima presentación

La vida

Félix Lope de Vega y Carpio (Madrid, 1562-Madrid, 1635). España.

Nació en una familia modesta, estudió con los jesuitas y no terminó la universidad en Alcalá de Henares, parece que por asuntos amorosos. Tras su ruptura con Elena Osorio (Filis en sus poemas), su gran amor de juventud, Lope escribió libelos contra la familia de ésta. Por ello fue procesado y desterrado en 1588, año en que se casó con Isabel de Urbina (Belisa).

Pasó los dos primeros años en Valencia, y luego en Alba de Tormes, al servicio del duque de Alba. En 1594, tras fallecer su esposa y su hija, fue perdonado y volvió a Madrid. Allí tuvo una relación amorosa con una actriz, Micaela Luján (Camila Lucinda) con la que tuvo mucha descendencia, hecho que no impidió su segundo matrimonio, con Juana Guardo, del que nacieron dos hijos.

Entonces era uno de los autores más populares y aclamados de la Corte. En 1605 entró al servicio del duque de Sessa como secretario, aunque también actuó como intermediario amoroso de éste. La desgracia marcó sus últimos años: Marta de Nevares una de sus últimas amantes quedó ciega en 1625, perdió la razón y murió en 1632. También murió su hijo Lope Félix. La soledad, el sufrimiento, la enfermedad, o los problemas económicos no le impidieron escribir.

Personajes

Belisa, dama
Finea, su criada
Celia, dama
Lucinda, dama
Fabia, criada
Don Juan de Cardona
Tello, su criado
Octavio, galán
Julio
El conde Enrique
Fernando, criado del conde
Criados
Músicos
Dos hombres

Jornada primera

(Salen Belisa con vestido entero de luto galán, flores negras en el cabello, guantes de seda negra y valona, y Finea.)

Finea   ¿Así rasgas el papel?

Belisa   Cánsame el conde, Finea.

Finea   ¡Qué ingratitud!

Belisa   Que lo sea
me mandà Amor.

Finea   Fuego en él,
que pienso que no es tan vario
en sus mudanzas el viento.

Belisa   Navega mi pensamiento
por otro rumbo contrario.
   Castigó mi voluntad
el cielo.

Finea   No sé si diga
que justamente castiga,
señora, tu libertad.
   Tanto despreciar amantes,
tanto desechar maridos,
tanto hacer de los oídos
arracadas de diamantes,
   claro está, que habían de dar
[esa] ocasión al Amor
para vengar tu rigor.

Belisa	Bien se ha sabido vengar.

Finea	¡Oh qué bien los has vengado
	con querer agora bien
	a quien, ni aun sabes a quién,
	ni él tampoco tu cuidado!
	   Tus desdenes con razón
	agora diciendo están:
	«Qué se hizo del rey don Juan?
	Los infantes de Aragón,
	   ¿qué se hicieron?»

Belisa	No presumas
	que de esta mudanza estoy
	arrepentida, aunque doy
	agua al mar, al viento plumas;
	   porque tengo la memoria
	de este necio amor tan llena,
	que juzgo poco la pena
	para tan inmensa gloria.
	   ¿Llaman?

Finea	Sí.
Belisa	Pues quiero hablarte con más espacio después; mira quién es.
Finea	Celia es, que ha venido a visitarte.

(Vase. [Sale Celia].)

Celia	Prospere tu vida el cielo.

10

Belisa	No sé, Celia, si querrá tener ese gusto ya.

Celia	Ya la novedad recelo;
	    dijéronme que te habían
	visto con luto en la Calle
	Mayor aunque gala y talle
	la causa contradecían.
	    Y hallo que todo es verdad
	pero tanta bizarría
	no es tristeza.

Belisa	Celia mía, murió.
Celia	¿Quién?
Belisa	Mi libertad.
Celia	Es imposible que en ti haya faltado el desdén.
Belisa	¿No es faltarme querer bien?
Celia	¿Tú quieres bien?
Belisa	Yo.
Celia	¿Tú?
Belisa	Sí. Ya cesaron mis rigores.

Celia
Veré primero sembrado
de estrellas del cielo el prado,
y el cielo de hierba y flores,
    y trocado el natural
efeto veré también
a la envidia decir bien,
y a la virtud hablar mal;
    veré la ciencia premiada
y a la ignorancia abatida
que es la verdad bien oída
y que la lisonja enfada,
    y el imposible mayor
dar honra al que está sin ella,
que crea, Belisa bella,
que puedes tener amor.

Belisa
    Una tarde, cuando el Sol
dicen que en el mar se esconde
y se le ponen delante
las cabezas de los montes
cuando por aquella raya
que con varios tornasoles
divide el cielo y la tierra
y los días y las noches
nubes de púrpura y oro
van usurpando colores
a la plumas de los aires
y a las ramas de los bosques,
iba sola con Finea,
amiga Celia, en mi coche,
tan Sol de mi libertad
cuanto luego fui Faetonte;
que nunca verán tan altas
las soberbias presunciones

que no las fulminen rayos
como a las soberbias torres.
Era en la parte del Prado
que igualmente corresponde
a esa Fuente Castellana
por la claridad del nombre;
que también hay fuentes cultas
que, aunque oscuras, al fin corren
como versos y abanillos,
¡quiera el cielo que se logren!
Ibas Finea cantando
en gracia de mis blasones
finezas del conde Enrique,
que ya conoces al conde
y a sus papeles escritos
para que, cuando me toque
como papel de alfileres
tenga papeles de amores,
y a mis locas bizarrías
desprecios y disfavores
como si hubiera nacido
de las entrañas de un roble,
cuando veo un caballero
con el semblante conforme
al suceso que esperaba.
Volvió la cara y paróse
a escuchar quién le seguía;
pero con pocas razones
desnudando las espadas
los ferreruelos descogen.
El que digo, el pie delante,
con el contrario afirmóse,
gala y valor que en mi vida
vi hombre tan gentilhombre.

No era el otro menos diestro.
No te parezca desorden
que siendo mujer te cuente
lo que es bien que ellas ignoren;
que, aunque aguja y almohadilla
son nuestras mallas y estoques,
mujeres celebra el mundo
que han gobernado escuadrones.
Semíramis y Cleopatra,
poetas e historiadores
celebran, y fue Tomiris
famosa por todo el orbe.
¿No has visto cuando dos juegan
que sin conocerse escoge
uno de los dos quien mira,
sin que el provecho le importe,
y quiere que el otro pierda
sin saber que esto se obre
por conformidad de estrellas
que infunden inclinaciones?
Pues de esa suerte mi alma
súbitamente se pone
al lado del que juzgaba
por más galán y más noble.
Alzó el contrario de tajo
a quien mi ahijado embebióle
una punta con que dio
en tierra mas levantóse
presto porque después supe
que traía un peto doble
de Milán, labrado a prueba
del plomo, que muros rompe.
Acudieron a este punto,
tirándole varios golpes

tres hombres a mi galán,
cosa indigna de españoles.
Pero dicen entre amigos
que el enemigo perdone,
que solo es vil el que huye,
y valiente el que socorre.
Con razón o sin razón
salto de mi coche entonces,
quito la espada al cochero
que arrimado a los frisones
miraba a pie la pendencia,
todo tabaco y bigotes
como si estuviera el necio
de la plaza en los balcones
y el conde de Cantillana
acuchillando leones;
y partiendo al caballero
me pongo de Rodamonte
a su lado. ¡Cosa extraña!
En fin, hombres de la corte,
pues se volvieron humildes
los que llegaron feroces.
Agradecido el galán
de dos tan nuevas acciones
comenzó a hablarme y no pudo
porque de lejos dan voces
que la justicia venía;
que no hay Santelmo en el tope
después de la tempestad
que como una vara asome.
Díjele, En mi coche entrad
que si los caballos corren,
porque éstos no son de aquellos
que repiten para cofres:

«Presto estaremos en salvo».
Entró el galán y sentóse
en la proa y yo en la popa
como campos fronte a fronte.
Viendo que nadie venía
templó el cochero el galope
y en la Fuente Castellana
para descansar paróse.
Yo siempre que voy al Prado
llevo un búcaro. Tomóle
el cochero y diónos agua.
Dile yo una alcorza y dióme
las gracias en un requiebro
que la mano agradecióle.
Con esto le persuadí
a que dejando favores
me contase la ocasión
de la pendencia; que sobre
cosas de amor sospechaba
que hay profetas corazones,
pues antes que le dijese
celos me daban temores;
que el que ha de matarla sabe
la garza entre mil halcones.
En fin, dijo de esta suerte:
«Agora a escucharme ponte,
para que como él a mí,
de mi desdicha te informe.»
«Yo soy don Juan de Cardona,
hijo del señor don Jorge
de Cardona, aragonés,
y doña Juana de Aponte.
Nací segundo en mi casa
y así mi padre envióme

a Flandes donde he servido
desde los años catorce
hasta la edad en que estoy.
Volvieron informaciones
de mis servicios y cartas
de aquel ángel que coronen
los cielos, Infanta de Austria
de divinos resplandores,
tía del rey que Dios guarde.
Pretendí luego en la corte
a guisa de otros soldados;
pero entre otras pretensiones
de un hábito, vi una tarde
con otro de chamelote,
un serafín de marfil
con toda el alma de bronce.
Quedé sin ella, seguíla,
servíla, y agradecióme
la voluntad, retirando
todo lo que no es amores.
Gasté, empobrecí. Mi padre,
enojado, descuidóse
de mi socorro, y Lucinda,
que éste es de esta dama el hombre,
desdeñosa, a puros celos
me mata viéndome pobre;
que no hay finezas que obliguen
ni lágrimas que enamoren.»
Cuando esto dijo, quisiera
sacar los ojos traidores
que por otra habían llorado.
¡Mirad qué envidia tan torpe!
Prosiguió que la pendencia
fue por ser competidores

él y el galán, porque teme
que si la obliga, la goce.
Finalmente paró el caso
en tantas lamentaciones
que sin saber por qué causa
quise arrojarle del coche.
él llorando y yo sin alma
llegamos casi a las once
a mi posada. Roguéle
que me viese, y respondióme
que sería esclavo mío
con mil tiernas sumisiones
y, despedido e ingrato,
a ver su dama partióse.
Quedé tan necia que apenas
sé por qué, cómo ni dónde
amo, envidio, y con los celos
temo que loca me torne
porque pienso que es castigo
de aquellos tiranos dioses
Venus y Amor, de quien hice
burla y los llamé embaidores.
Troqué las galas en luto,
la libertad en prisiones,
la bizarría en descuidos,
y en humildad los rigores.
Ni voy al Prado ni al río.
No hay cosa que no me enoje;
a la música soy áspid,
veneno a fuentes y flores.
Soy, no soy, vivo y no vivo,
y entre tantas confusiones
ni sé dónde he puesto el alma
ni ella misma me conoce.

Celia
     Es suceso tan extraño
que, a no ser tuyo, no fuera
posible que le creyera.
Pagas justamente el daño
  que has hecho a tantos, ingrata.
Locura debe de ser
querer quien otra mujer
deja, aborrece y maltrata;
  pero de tu entendimiento
la mayor locura ha sido,
Belisa, no haber querido
divertir el pensamiento.
  ¿Ya no vas, como solías,
al Prado ni al Soto?

Belisa
          No,
que más me entretengo yo,
Celia, en las tristezas mías,
  que en el lugar más remoto
con mayor descanso estamos.

Celia
Así vivas, que salgamos
estas mañanas al Soto.

Belisa
  Si va a decir la verdad,
que encubrirla no es razón
ni a mi justa obligación
ni a tu segura amistad,
  con la ocasión de este mes,
de tantas damas paseo,
salgo al campo a ver si veo
quién me ha de matar después;
  mas si en Sotos ni en Retiros

19

le he visto, ni él vuelve a verme.

Celia   Como en otros brazos duerme,
           no despierta a tus suspiros;
             pero salgamos mañana,
           que en mi buena dicha espero
           hallar ese caballero;
           que tengo por cosa llana
             que, si le vuelves a ver
           y más despacio mirar,
           no solo no le has de amar
           pero le has de aborrecer;
             que muchas cosas agradan
           miradas súbitamente,
           mas pasa aquel accidente
           y vistas de espacio enfadan.

Belisa   Ay, Celia, yo quiero darte
           crédito y seguir tu voto.
           Disfrazada voy al Soto.

Celia   Y yo quiero acompañarte.

Belisa   No ha de salir el Aurora
           cuando estés aquí.

Celia   Sí haré.

Belisa   Dar a tus consejos fe
           mis esperanzas mejora
             porque de la Luna el velo,
           mirado con atención,
           descubre manchas que son
           indignas de tanto cielo.

(Vanse. Salen don Juan de Cardona y Tello, criado.)

Juan   Tello, el amor no gusta de consejos
y más del inferior.

Tello   ¿Qué mayor prueba
de que el Amor es loco
sin los consejos, de la vida espejos?

Juan   Y para el ciego Amor, ¿es cosa nueva
tener la vida y aun el alma en poco?

Tello   Quien tiene vista al que le falta guía;
que si entrambos son ciegos, van perdidos.
Cuando tu amor Lucinda agradecía
estaban disculpados tus sentidos;
pero agora que quiere bien a Octavio
es infamia de Amor sufrir su agravio
si no buscar remedio.

Juan   ¿Qué remedio?

Tello   Poner otros amores de por medio;
que así se curan cuantos han querido
porque otro amor es el más breve olvido.

Juan   ¿Con qué dinero, necio?

Tello   No todos los amores tienen precio.
Méritos tienes, ama.
¿Ha de faltar una mostrenca dama
que te quiera por gusto?

Juan	¡Majadero! ¿Amores en la corte sin dinero, y más agora que tan caro es todo?
Tello	Pues yo no sé otro modo, ni hay médico en el mundo que, tomando el pulso a un amador aborrecido, no le recete otra mujer.
Juan	Si cuando voy a buscar de tanto amor olvido se me pone delante la hermosura de Lucinda, ¿podré yo por ventura decir amores a otra cara?
Tello	Bueno, una purga es veneno y por tener salud la toma un hombre.
Juan	Tello, ya no hay mujer que no me asombre.
Tello	Alejandro lloraba porque había un mundo solo; que con uno solo dijo que no podía con tanta tierra y mar de polo a polo satisfacer su pecho. Tú lo contrario has hecho; que sola una mujer en Madrid quieres, habiendo treinta mundos de mujeres; morenas, pelirrubias, gordas, flacas, una mudas de lengua, otras urracas, discretas, mentecatas, bachilleras, airosas en la burlas y en las veras; hay enanas, hay largas como trampa,

unas con pie de apóstol, consoladas
del ponleví que imprime poca estampa,
y otras, que en vez pudieran de arracadas
traer las zapatillas;
hay lázaras mujeres de amarillas,
que salen del sepulcro de las camas,
y otras, que de clavel parecen ramas;
hay romas, hay píoquintas,
unas que se contentan con dos cintas,
y otras como tarascas de dineros,
que engullen mayorazgos por sombreros;
unas piadosas y otras socarronas,
tales severas, tales juguetonas;
unas mudables por andar más frescas
y otras firmes de amor, como tudescas;
pero en siendo mujeres, sean morenas,
sean blancas o no, todas son buenas.

Juan   ¡Qué pintura tan necia!

Tello   Pues yo, señor, ¿qué he dicho de Lucrecia
la casta y en camisa,
de Porcia y Artemisa,
una, avestruz de hierros encendidos,
y otra, sepultura de maridos?

Juan   ¡Ay puerta! ¡Ay dulce rejas!
A Lucinda llevad mis tristes quejas.

Tello   Pues ya que llegas, llama.

Juan   Aun llegar a llamar teme quien ama.

(Llama. [Sale Fabia, criada].)

Fabia	¿Quién llama? ¿Quién está ahí?
Juan	Dile, Fabia, a tu señora que estoy aquí.
Fabia	No es agora tiempo de llamar ansí.
Juan	¿Por qué razón?
Fabia	Porque está desnudándose.
Juan	¿Tan presto?
Fabia	No fuera término honesto abriros la puerta ya. Id con Dios, don Juan, que habemos de madrugar para ir al Soto.
Juan	¡Que vengo a oír tal crueldad!
Tello	No hagas extremos. Mira que en la calle estás.
Juan	Fabia, Fabia, espera.
Fabia	Espero. ¿Qué queréis?
Juan	Di que la quiero

una palabra no más.

Fabia   Bueno, en comenzando a hablar
tanto vendrás a empeñarte
que venga el Sol a rogarte
que la dejes acostar.

Juan   Abre, Fabia.

Fabia   ¡Qué locura!

(Sale Lucinda [a la reja].)

Lucinda   ¿Con quién hablas?

Fabia   Con don Juan
de Cardona.

Lucinda   ¿Y qué dirán
de tanta descompostura
en la peor vecindad
que tiene calle en Madrid?

Juan   Lucinda hermosa, advertid,
que es linaje de crueldad
indigno de un caballero
como yo tratarme ansí.

Lucinda   Lo que Fabia os dijo aquí
daros por disculpa quiero,
porque habiendo de salir
del alba al primer albor,
no será razón, señor,
que no me dejéis dormir.

El afeite natural
en el buen sueño reposa;
que no se levanta hermosa
mujer que ha dormido mal.
    Id con Dios y presumid
que os amo y tengo respeto.

Juan

Que yo me fuera os prometo,
señora, pero advertid
    que ver a Fabia turbada
tan necios celos me ha dado
que pienso que lo ha causado
el estar vos ocupada.
    Abrid, que con solo entrar
luego me vuelvo a salir.

Lucinda

ésta no es hora de abrir
ni de dar que murmurar;
    que hay vecina tan liviana
que para escuchar despierta
apenas oye la puerta
cuando ocupa la ventana.
    Hacedme esta cortesía
de que os vais.

Juan

                    Es imposible
sin entrar.

Lucinda

                    ¡Ya estáis terrible!

Juan

Amor, Lucinda, porfía
    que le lleve a vuestra sala
solo a dejar estos celos.

Lucinda	Ponerme en tantos desvelos
	ni es cortesía ni es gala.
	Id con Dios, que puede ser
	que os resulte algún pesar.

| Juan | Pues vive Dios que he de entrar |
| | y que lo tengo de ver. |

[Intenta forzar la puerta.]

| Lucinda | ¿Golpe a mi puerta? |

| Juan | Y coces |
| | hasta ponerla en el suelo. |

(Salen Octavio y Julio con broqueles y espadas.)

Octavio	A tanta descortesía
	y a tan loco atrevimiento
	saldrá el honor de esta casa
	a castigar vuestros celos.
	La puerta está abierta. Entrad.

Juan	No era sin causa el tenerlos.
	Vuesas mercedes me digan
	si son hermanos o deudos
	de esta dama, o son galanes.

Octavio	Pues que no quiere entrar dentro,
	donde supiera quién somos,
	afuera se lo diremos.

| Juan | Salgan, y sabrán también, |
| | con los celos o sin ellos, |

que soy don Juan de Cardona.

Tello   Y yo Tello su escudero.

Lucinda   Ay, Fabia, ¿qué haré?

Fabia   Acostarte,
y dense.

Lucinda   Sin alma quedo.

Juan   Aquí, Tello.

Tello   Vengan otros
que éstos ya huelen a muertos.

(Vanse. Salen el Conde Enrique y Fernando, criado.)

Conde   ¡Bravo mayo!

Fernando   No permite
distancia sin flor al suelo.

Conde   Con las estrellas del cielo
en el número compite.

Fernando   Crecido va Manzanares.

Conde   Imita al que ruin nació,
que cuando crecer se vio
despreció los patrios lares,
   que al humilde nacimiento
sucede como a este río
que descubre en el estío

su arenoso fundamento.
    ¡Oh, bien haya aquel discreto
que cuando se mejoró
de fortuna, se quedó
con aquel mismo sujeto.
    No disminuye el valor,
antes muestra en parte alguna
quien desprecia la fortuna
que la merece mayor.
    Muchos conozco yo aquí
tan discretos en su estado
que todo lo que han mudado
es lo que hay fuera de sí.
    Pero esto aparte dejando,
y viniendo al desatino,
con que aquel desdén divino
me quiere matar, Fernando,
    ¿cómo no ha venido a ser
de aquestos campos aurora,
que ya dice el Sol que es hora
de salir y amanecer?

Fernando   Estaráse componiendo
de galas y bizarrías,
con que estos festivos días
sale de aurora riyendo.
    y en este verde teatro
hace la madre de amor.

Conde   Yo, que adoro su rigor
y su desdén idolatro,
    conjuraré su donaire
para que venga.

Fernando	Ya espero
	que te obedezca ligero
	su espíritu por el aire.
Conde	Ponte el sombrero, Belisa,
	pluma blanca y randas negras
	aunque no ha menester plumas
	quien en tales pies las lleva.
	Ponte al espejo, y retrata
	en su cristal tu belleza,
	para que tengas envidia
	de que nadie te parezca.
	Que tú sola de ti misma
	puedes trasladar las señas
	formando tú y el cristal
	otra mentira tan bella.
	Mira que te aguarda el Soto
	y que en su verde alameda
	aún no han cantado las aves
	por esperar que amanezcas.
	Péinate el pelo a lo llano
	y no lo rices en trenzas
	que, si te ven la jaulilla,
	harás que las aves teman.
	Mira que rosas y lirios,
	para salir a la selva,
	no rompen la verde cárcel
	hasta que les des licencia.
	Sarta de cuentas de vidrio
	banda de tu cuello sea,
	porque cuando te la quites
	quede convertida en perlas.
	Con las flordelises de oro
	ponte la verde pollera,

pues que son pueblos en Francia
mi esperanza y tus defensas.
Para que la cuesta bajes
a tus chinelas acuerda
que hay muchos ojos que suben
cuando se bajan las cuestas.
Ponte en la cabeza rosas
y en los zapatos rosetas,
de manera que en los pies
y en la cabeza se vean.
Aunque yo tengo más celos
del pie que de la cabeza
que, aunque toda vas florida,
no a lo menos toda honesta.
Ven a matar de mañana,
aunque el amor forme quejas,
que esté durmiendo el aurora
y tú, Belisa, despierta.
Si alguno te dice amores
de estos que de hablar se precian,
di que no vas a mirar
sino solo a que te vean.
Así, discreta Belisa,
segura del Soto vuelvas;
que no te engañen los ojos
esto que llaman guedejas.
Ponte el manto sevillano,
no saques más de una estrella;
que no has menester más armas
ni el amor gastar sus flechas.
Más airosa vas tapada
y al fin con menos sospecha,
que matando cuanto miras,
te conozcan y te prendan.

> Bien puedes salir, que ya
> los ruiseñores comienzan
> a ser campanas del alba
> para que la tuya venga.

Fernando   Quedo, no conjures más.

Conde   ¿Por qué?

Fernando   Porque ya se acerca.

Conde   ¡Oh, conjuros amorosos,
                divina tenéis la fuerza!

(Salen Belisa con la mayor gala de color que pueda, manto y sombrero de plumas, y Finea de la misma suerte. [Belisa habla sin ver al Conde].)

Belisa   ¿Adónde Celia quedó?

Finea   Con unas amigas queda
                sentada orilla del río.

Belisa   Como no tiene mis penas,
                cansóse de verme andar
                buscando la causa de ellas.
                Mucho es que aquestas mañanas
                don Juan al Soto no venga.

Finea   Tendréle preso Lucinda.

Belisa   ¿Cómo? ¡Si don Juan se queja
                de sus desdenes y engaños!

Finea   ¡Qué bien tus celos consuelas!

(Aparte a Finea.)

Belisa   ¡Ay, Finea! ¡El conde!

Finea   Amor
                hoy quiere que coger puedas
                en el Soto de Madrid
                los azahares de Valencia.

Conde   Ya es tarde, Belisa, ingrata,
                para encubriros de mí,
                que dentro del alma os vi
                en cuyo espejo os retrata.
                Ya que los campos de plata
                la dorada aurora pisa,
                no envidien su dulce risa
                las aves, fuentes y flores
                cuando con más resplandores
                sale a los nuestros Belisa.
                Y aunque con sola una estrella
                podéis dar luz, no es razón
                que esconda el manto a traición
                la que ha venido con ella.
                Descubrid, Belisa bella,
                la que venís ocultando;
                mátenme entrambas, que cuando
                es tan cierta la vitoria,
                bien es que partan la gloria
                de haberme muerto mirando.
                La mayor honestidad
                que fue de la villa espejo
                le debe al campo el despejo
                de su verde soledad.

Descubrid, mirad, matad;
que es cruel razón de estado
mostrar, con el desenfado
de que amor se maravilla,
bizarrías en la villa
y desdenes en el Prado.

Belisa   No por veros me encubrí,
cuando me alegré de veros.

Conde   Gracias al amor y al campo
en que más humana os veo.
¿Queréis escucharme?

Belisa   Sí,
que tan cortés caballero
no dirá cosa en mi agravio.

Conde   Oíd:

(Hablan bajo Belisa y el Conde. Salen don Juan y Tello [sin verlos].9

Juan   No descubro, Tello,
en todo el Soto a Lucinda,
y en su casa nos dijeron
que había salido al campo.

Tello   Que nos engañaron temo;
que esto de enviar al Soto
siempre ha sido mal agüero.

Juan   No estará, Tello, Lucinda
con Octavio por lo menos.

Tello	Bravo revés le pegaste.
Juan	Como le sentí en el pecho defensa, tiré por alto.
Tello	Si no llega gente, creo que en enero vuelvo a Julio. Tiréle un tajo, y abriendo el broquel subió tan alto por esos aires el medio que, apartadas las estrellas, pienso que no estuvo un dedo de descalabrar la Luna.
Juan	Vengué con sangre mis celos, mas mira, por Dios, si ves a Lucinda.
Tello	Preguntemos por ella.
Juan	¿a quién?
Tello	A este Soto, ejército de conejos. Diga, señor Manzanares, sacamanchas de secretos, a quien debe su limpieza la información de los cuerpos, el que lava en el verano lo que se pecó en invierno, cuya espuma es de jabón, cuyas orillas de linzo, ¿ha visto vuesa merced

35

una mujer de buen gesto,
muy enemiga de amores,
muy amiga de dineros,
que desde pobres acá
la perdió don Juan por serlo,
y con ella una criada,
centella de aqueste fuego
que le hurta los borradores,
como los poetas versos?
Habla el río: «Esa mujer
que habéis perdido, escudero,
está en casa con Octavio
almorzando unos torreznos
con sus duelos y quebrantos.
¡Tal me vinieran los duelos!».
¿De qué lo sabéis buen río?
«De que estoy en su aposento
en un cántaro, que al rostro
le doy el primer bosquejo.»
¿Oyes lo que dice el río?

Juan   Oigo que vienes muy necio.

Finea   Señora, señora, escucha.

Belisa   ¿Qué quieres?

Finea   Don Juan y Tello
están junto a aquellos olmos.

Belisa   Señor Conde, yo me atrevo
en fe de vuestro valor
que me aguardéis un momento
junto a aquel coche, entretanto

que con aquel caballero
hablo dos palabras solas.

Conde   Si siendo celoso puedo
ser cortés, iré forzando
mi paciencia a obedeceros;
pero sufrir que un galán,
Belisa, os diga requiebros,
más viene a ser bajo estilo
que amoroso sufrimiento.

Belisa   No es galán, aunque lo es,
y así no hay de qué ofenderos,
pues el nombre de marido
siempre mereció respeto.
De Aragón viene a casarse
conmigo; que os vais os ruego
que no es de cobarde amante
en público ni en secreto,
para no perder la dama,
dejar el campo a su dueño.

Conde   ¿Que estáis casada?

Belisa   No sé.
Esto han tratado mis deudos.

Conde   ¡Por cierto que él es galán!

Belisa   ¿No os parece que me empleo
justamente en él.

Conde   Después
os responderán mis celos.

(Vanse el Conde y Fernando.)

Belisa   Señor don Juan, los soldados
            y caballeros, ¿tan presto
            olvidan obligaciones?

Juan   Señora mía, no pienso
            que os ha ofendido mi olvido,
            falta sí de atrevimiento.
            Dos mil veces he querido,
            obligado a lo que os debo,
            ir a besaros la mano
            y a resolverme no acierto.
            ¡Qué buena ventura mía,
            pues la he tenido de veros,
            que esta mañana me trujo
            donde tan hermosa os veo!
            ¡Qué bizarra! ¡Qué gallarda!
            ¡Qué talle! ¡Qué lindo aseo!
            ¿Qué jardín se debe a mayo?
            ¿Cuándo abril se fue lloviendo
            tantas rosas, tantas flores?
            ¡Qué airosamente el sombrero
            coronel de vuestros ojos,
            timbre de vuestros cabellos,
            os hace Marte del Soto,
            belicosamente Venus
            para matar y dar vida
            a los mismos que habéis muerto!

Belisa   ¿Lisonjas después de olvidos?
            ¿Después de agravios requiebros?
            Guardadlos para Lucinda.

38

¿Después de ingrato, discreto?
¡No, señor don Juan! ¿Vos sois
Cardona? ¿Vos caballero
de Aragón? ¿No hay más disculpa
que decir: «quiero y no tengo»
de perdido por Lucinda?
¿Cómo os va con ella? ¿Hay celos?
¿Hay desdenes? ¿Hay galanes?
Ya se deben de haber hecho
las amistades, hablad.
¿De qué os suspendéis?

Juan   No puedo
deciros de mis desdichas
más de que loco amanezco
en su calle, donde el Sol
me deja, cuando por cercos
de oro en le mar de occidente
argenta el rubio cabello,
hasta que peina el del alba
con los rayos de su eterno
curso, ilustrando los aires,
dorando el verde elemento,
cual suele por verde selva
celoso novillo huyendo
de su contrario, en los troncos
romper la furia soberbio,
temblar las ramas, sonando
por varias partes los ecos,
cubrir de polvo las nubes
arañando el seco suelo.
Así yo la calle asombro,
para mí selva de fuego,
rompiendo a las duras rejas

con mis suspiros los hierros.

Belisa
¡Qué linda comparación!
¡Que bien aplicado ejemplo!
¡Qué bien pintado novillo!
¡Qué amanecer! ¡Qué concepto!
¿Sois poeta?

Juan
         ¿Quién, señora,
no ha hecho malos o buenos
versos amando, que Amor
fue el inventor de los versos?

Belisa
En lo tierno se os conoce
¿Queréis hacerme un soneto
a una mujer, que castiga
la Fortuna, Amor, y el Tiempo?
La Fortuna, por soberbia,
por venganza el Amor ciego,
y el Tiempo con derribar
sus bizarras pensamientos;
tan necia que quiere a un hombre,
después de tantos desprecios,
que está abrasado por otra.

Juan
De componerle os prometo,
pero advertid que no soy
culto, que mi corto ingenio
en darse a entender estudia.

(Hablan bajo Belisa y don Juan.)

Tello
Ninfa del sombrero al sesgo,
¿quiere veinte y dos palabras?

Finea	Quite veinte y diga presto.
Tello	No sois vos de mala casta.
	Yo soy un mozo moreno,
	natural de Calahorra.
	Ya he dicho las dos, si tengo
	de hablar más, prorrogue el pacto.
Finea	Por no estorbar nuestros dueños,
	llegue cerca, y diga.
Tello	Digo.

(Hablan bajo Tello y Finea. Salen Lucinda, con sombrero de plumas, y Fabia.)

Lucinda	Ya te he dicho lo que siento.
Fabia	¿Pues cómo, si quieres bien
	a don Juan, le estás haciendo
	tiros con Octavio? ¿A un hombre
	que te adora?
Lucinda	Porque espero
	a puros celos rendirle
	de manera que troquemos
	la esperanza en posesión
	y al amor en casamiento.
Fabia	¿Por mal le quieres llevar?
Lucinda	Reducido a tal extremo,
	él se casará conmigo.

Fabia	¿Por bien no es mejor consejo?
Lucinda	¡Ay, Fabia, aquí está don Juan!
Fabia	Y no está ocioso a lo menos.
Lucinda	¡Gentil mujer! ¡Bravo talle!
Fabia	Hasta el socarrón de Tello tiene su poco de dama.

(A Belisa.)

Juan	Si habéis tenido deseo de conocer a Lucinda agora veréis si tengo buen gusto.
Belisa	¿Es ésta?
Juan	¿No veis en la mudanza que han hecho mis ojos, que quiere el alma salir a verla por ellos?
Belisa	Vos estáis bien empleado; con tanto, con ella os dejo.
Juan	Antes no, que quiero yo probar también a dar celos.
Belisa	¿De eso tengo de servir?
Juan	Ya que por mi amparo os tengo,

suplícoos, pues no os importa,
que entre los dos la matemos.

Belisa   Ahora bien, va de matar.
(Aparte.)   (¿Qué es esto que intento? ¡Ay cielos!
                ¿Estoy loca? ¿Soy quien fui?
                ¿Quién en tanto mal me ha puesto?)

Lucinda   Suplico a vuesa merced,
                mi reina, la del sombrero
                blanco, que por otra tal
                me preste ese caballero,
                que si le ha menester mucho
                y ha sido galán al vuelo,
                para hablalle dos palabras;
                que le volveré tan luego
                que apenas sienta su falta.

Belisa   Ninfa del sombrero negro,
                y los guantes de achiote,
                no entra bien con el pie izquierdo
                si viene a tomar la espada,
                porque es terminillo nuevo
                pedir el galán prestado;
                pero que sea, le advierto,
                que soy como amigo ruin
                que ni convido ni presto.
(Aparte a don Juan.) (¿Voy bien?

Juan   ¡Extremadamente!
                Decidle más.)

Belisa   ¡El despejo
                con que me pide el galán

43

que es alma de aqueste pecho!
(Aparte a don Juan.) (¿Queréis más?

Juan   ¡Matadla, muera!)

(Aparte a Fabia.)

Lucinda   (¡Ay, Fabia, que estoy muriendo!)

Belisa   ¿Pero sobre qué le pide?
               Quizá nos concertaremos
               a manera de mohatra,
               con prendas, ribete, y tiempo,
               porque no hay diamantes chinos,
               oro en Tibar, ni en el Cerro
               de Potosí plata, ni ámbar
               en la Florida, por...

Lucinda   Quedo,
               no pase de «por».

Belisa   ¿Por qué?

Lucinda   Porque si es amor mohatrero,
               no tengo más prendas yo
               que palabras, juramentos,
               papeles, firmas, engaños.

Belisa   No hacemos nada con eso.
               Vuesa merced se ha engañado
               que este galán me le llevo
               como mi marido acaso.

Lucinda   ¿Marido?

44

Belisa	Lo que le cuento.
Lucinda	¡Jesús!
Belisa	Si ha de desmayarse del susto de este suceso, acérquese más al río, dama, porque caiga dentro.
(A don Juan.)	Dadme la mano, mis ojos.
Juan	Y el alma es poco.
Lucinda	No quiero verlos ir, vámonos, Fabia.
(Aparte.)	(¿Esto llaman amor? ¡Fuego!)

(Vanse Lucinda y Fabia.)

Juan	¡Oh, qué bien me habéis vengado!
Belisa (Aparte.)	(¡Ay, cielos! De mí me vengo.)
Juan	Muriendo voy por Lucinda.
Belisa (Aparte.)	(Y yo abrasada de celos.)

(Vanse Belisa y don Juan.)

Tello	Dame tú también la mano.
Finea	¿Tiénesla lavada?
Tello	Pienso

que ayer hizo tres semanas.
¿Tu nombre?

Finea   Finea.

Tello   Bueno,
Fineza te he de llamar.

Finea   ¿Y el tuyo?

Tello   Tello.

Finea   Si es Tello
de Meneses, comerás
muchas tortillas de huevos.

Tello   Mejor estas manecitas,
como yo fritas en ellos.

Finea   ¡Ay qué Tello!

Tello   ¡Ay qué Finea!
¡Ay qué niña de los cielos!

Finea   ¡Ay qué socarrón!

Tello   ¿De quién?

Finea   ¿De quién dices? Del infierno.

Tello   Dame un favor.

Finea   Tuya soy.

Tello	¡Qué barbita!
Finea	¡Qué moreno!

Fin de la primera jornada

Jornada segunda

(Sale Belisa con diferente vestido del que llevó al campo.)

Belisa
Temerario pensamiento,
que teniendo el mundo en poco,
junto a la Luna a ser loco
sobre las alas del viento
colocastes vuestro asiento,
¿qué desdicha, qué cuidado
hoy os ha puesto en estado
que habéis tan hermosas plumas
entre las blancas espumas
del mar de amor sepultado?
   Sale vestida la nave
de jarcias y de banderas
con las velas tan ligeras
que el viento piensa que es ave;
mas el de popa suave
vuelve con fácil mudanza
en huracán la bonanza,
porque no pueda ninguna
del rigor de la Fortuna
asegurar la esperanza.
   Florece un árbol temprano
cuando el ruiseñor suspira,
la primavera le mira
llena de flores la mano;
mas llega el hielo tirano
y con intensos rigores
los pimpollos y colores
cubre de tristeza y luto
porque hasta tener el fruto
no están seguras las flores.

Por más que en el nido esconda
el ave sus pajarillos
como los fuertes castillos
con su cava, muro y ronda,
dispara el pastor la honda
y con violencia importuna,
sin dejar pluma ninguna
le arroja piedra villana,
que no hay resistencia humana
al golpe de la Fortuna.
    Nave en el mar parecía
mi libertad en amor;
árbol vestido de flor
mi locura y bizarría;
nido que el ave tejía
era mi seguro olvido;
mas vino Amor atrevido
y con el galán Cardona
puso al pie de su corona
la nave, el árbol, y el nido.
    Vencedor de estos despojos
me mata sin ser culpado,
que no sabe mi cuidado
aunque le dicen mis ojos
con amorosos enojosos;
soy mariposa en llegarme
a la llama y retirarme,
y tanto Amor me desvela
que doy tornos a la vela
y no acabo de quemarme.

(Sale Finea.)

Finea   Sin quitarme el manto vengo

	por darte presto el recado.

Belisa   De prisa, será desdicha
que nunca viene despacio.

Finea   Hallé la casa —que fue
en Madrid nuevo milagro,
que no sabe del segundo
quien vive en primero cuarto—
dile el papel, abrazóme,
diome este doblón de a cuatro.

Belisa   ¿Oro tiene?

Finea   ¿Por qué no?

Belisa   Que no se le dio me espanto
a la señora Lucinda.
Muestra.

Finea   Toma.

Belisa   Yo le guardo
por ser la primera prenda
que tengo suya.

Finea   Es cuidado
que te perdonara yo;
y prenda que él no te ha dado
no merece estimación.

Belisa   Por él, Finea, te mando
un hábito de picote.

Finea	No, sino el tuyo de raso.
Belisa	Soy contenta. Dime agora qué respondió.
Finea	En tono bajo leyó y dijo: «¡Linda letra!».
Belisa	¿No dijo nada a la mano?
Finea	No, a fe.
Belisa	No era de Lucinda.
Finea	Llamó a Tello y el picaño a tres ¡holas! respondió, que estaba hablando en el patio; pidió la capa y la espada, y díjome: «Luego parto a ver qué manda aquel ángel».
Belisa	¿ángel dijo? ése es engaño.
Finea	Es verdad que lo añadí por aquello de la mano; que la lisonja es la fruta que más se sirve en palacio, y en ti un ángel más o menos no es lisonja, habiendo tantos.
Belisa	¿En cuerpo estaba en efeto?
Finea	Un gabancillo leonado tenía untado con oro.

Belisa	¿Con gabán? Es cierto caso que tendría bigotera.
Finea	No la nombres, que me espanto de ver los hombres con ella, y hay muchos tan confiados que a la ventana se ponen, que es como asomarse un macho. Mientras tiene bigotera un hombre ha de estar cerrado en un sótano.
Belisa	Si es de ámbar con cairel de oro, no es malo, y quitada importa poco.
Finea	Siempre pienso que, asomando la boca por entre el cuero, me coca algún mono zambo.
Belisa	¿Hubo montera?
Finea	El cabello sirve a los mozos este año de montera y papahigo.
Belisa	Bien parecen aseados. Ahora bien, va de aposento. ¿Hay gran pobreza?
Finea	Un soldado, ¿qué ha de tener? Las paredes vestían cuatro retratos:

	uno del Rey, que Dios guarde,
	y otro de Lucinda al lado.
Belisa	¿Y no tuvo celos?
Finea	¿Cómo?
Belisa	¿No ves, necia, que hace caso
	la imaginación, y celos
	son hombres imaginados?
	¿Y de quién eran los otros?
Finea	El uno de don Gonzalo
	de Córdoba, su pariente,
	que en los países y estados
	de Flandes, me dijo Tello
	que anduvo con él.
Belisa	Aguardo
	el vestido de la noche.
Finea	¿La cama dices? De raso
	de la China un pabellón
	—lo limpio no sé pintarlo,
	que un tafetán lo cubría—
	lo demás, baúles, trastos
	de casa, ajuar de mozos,
	libros, guitarra, ante, casco,
	y un broquel en un rincón.
Belisa	Sin duda viene, habla paso.
Finea	¿En qué lo ves?

Belisa	En el alma,
	que me lo ha dicho temblando.

(Salen don Juan [y] Tello, [hablan aparte los dos].)

Juan	¿Puedo yo penetrar su entendimiento?
	¿No ves que fuera necia diligencia?

Tello	¡Sí, pero en su presencia
	estar como novicio de convento,
	que no ve tierra más de lo que pisa!

Juan	Tello, yo bien presumo que Belisa
	me tiene voluntad, pero en efeto,
	en esto solo quiero ser discreto,
	no siendo confiado,
	demás que no es amor haberme honrado
	con hacerme merced, y si lo fuera,
	no llegara Belisa a ser tercera
	de los amores de Lucinda.

Tello	Mira
	que se suele cubrir una mentira
	con capa de verdad, y el que se llama
	galán, no ha de aguardar a que la dama
	le requiebre primero.
	Iba un fraile devoto caballero,
	y cuando tanta espuela le metía
	a la mula, decía:
	«Arre, por caridad, hermana mula.»

Juan	Belisa nos escucha, disimula.

Belisa	Señor don Juan, ¿sin verme tantos días?

55

¿Qué es esto? Ingratamente no habéis hecho.
Trocamos vos y yo las bizarrías.

Juan

Estoy de vuestra gracia satisfecho,
pero por no cansaros
me habrá de suceder desobligaros.

Belisa

Señor don Juan, a cierta dama un día
presentó un papagayo un caballero,
diciéndole que todo lo sabía,
si no era hablar. Lo mismo os considero:
vos sois galán, discreto y entendido,
apacible, valiente y bien nacido,
modesto, airoso, atento y de buen trato,
y solo os falta hablar, por ser ingrato.
Y tú, Tello, también.

Finea

                    Cual es el dueño
tal el criado.

Tello

                    A fe de calahorreño
que estoy sin culpa yo, que solo he sido
lechón de aqueste pródigo perdido,
eco de aquesta voz. Parte el Cardona,
verás que soy la maza.

Juan

                    ¿Y yo?

Tello

                    La mona.

Juan

Bueno por vos me pone.

Belisa

                    Bien merece
vuesa merced que Tello así le trate.

Juan	¿Vuesa merced?
Tello	Yo soy un disparate.
Belisa	No hay tan bravo león que no se rinda a los divinos ojos de Lucinda. ¡Qué tierno habrá llorado el buen Cardona, y qué habrá dicho allí de mi persona! ¿Pintóme muy feísima? Que cierto se haría un ermitaño en un desierto, y tentación a mí por lo del río y los celos del Soto.
Juan	Es desvarío. Contaros todo lo que pasa quiero; diré verdad a fe de caballero aragonés, y Córdoba y Cardona, y si mintiere, y esto no me abona, no vuelva yo a los ojos de mi padre.
Belisa	Decid también: «De mi señora madre».
Juan	Después, Belisa hermosa, que le distes con tal gracia a Lucinda tales celos en aquel Soto, donde Sol salistes, más claro que el que adoran Delfo y Delos, escribióme un papel con ansias tristes hasta en la letra —ioh vengadores cielos!— que en lágrimas envueltas y borrones apenas se entendían las razones. Fui a verla, como allí me lo rogaba y halléla con la mano en la mejilla, que el cuerpo en el estrado reclinaba;

saludéla, llegué, tomé una silla.
Lucinda, que la puerta me negaba
—¡Oh, castigo de amor! ¡Oh maravilla!—
me dio su estrado; que en llegando a estado
tan bajo amor, poco hay de estado a estrado.

Tomándome las manos y bañando
las de los dos con lágrimas, decía
que me adoraba tiernamente, cuando
por obligarle amor, desdén fingía.
Apenas, oh Belisa, vi llorando
la que ser piedra para mí solía,
cuando quedé como en la luz infusa
Atlante del espejo de Medusa.

Declaróme secretos pensamientos
de una razón de estado bachillera,
materias de obligar a casamientos,
que yo escuché como si piedra fuera.
Salí después de tantos sentimientos
tan desenamorado, que pudiera
vender olvido a la mayor constancia.
¡Gran cosa levantarse con ganancia!

Cual suele labrador en noche oscura
dormir en la campaña a cielo abierto,
y ver la luz del alba hermosa y pura,
o todo el Sol de súbito despierto,
así salí de confusión tan dura
súbitamente y desde el golfo al puerto,
que, despicado, en viéndome querido
su llanto risa fue, su amor olvido.

Ni la vi más, ni la veré en mi vida.
Como, duermo, paseo y tiempo tengo
para mí pretensión, que, de perdida,
con verme libre, a restaurarla vengo.
No lágrimas, no más traición fingida;

a nuevo amor el corazón prevengo.
aunque quien resucita, nadie crea
que en volverse a morir discreta sea.

Belisa   ¡Notable historia!

Juan   Yo os digo
                 la verdad.

Belisa   ¿Cierto?

Juan   Tan cierto
                 que en mí fue sueño despierto
                 lo que en Lucinda castigo.
                    No más Lucinda, ya es hecho.
                 A vuestros ojos lo juro:
                 algún divino conjuro
                 me la ha sacado del pecho.

Belisa   Tello, ¿es esto así?

Tello   No sé
                 que puede no ser así
                 porque esto pasa ante mí,
                 señora, de que doy fe.
                    Ya cesó la devoción
                 de aquel su pasado arrobo
                 porque come como un lobo
                 y duerme como un lirón;
                    quitósele la celera
                 y el amor.

Belisa   Gracias a Dios.

Tello	Pero enamoradle vos a lo divino tercera; dad sujeto a este galán de vuestra mano.
Belisa	Sí, hiciera, si alguna dama supiera como la quiera don Juan.
Tello	Una así como vos...
Belisa	¿Yo, Tello?
Tello	Así, toda florida, despejada, bien prendida.
Belisa	Necia y lindísima, ¿no?
Tello	Más quiero engaños, rigores, iras y celosas tretas de las divinas discretas que de las necias favores.
Juan	Deja, Tello, a su elección la dama que quiere darme.
Belisa	Quiero para asegurarme, que estéis en aprobación; que hay amante que, enojado, sirve otro sujeto un mes, y vuelve a echarse a sus pies más tierno y enamorado. Y aun busca satisfacción

a su misma pesadumbre
porque la mala costumbre
puede más que la razón.

Juan
     Si yo volviera a querer
a Lucinda, plega a Dios...

Belisa
No juréis.

Juan
     Pues dadme vos
por vuestro gusto mujer
  que pueda amar estimar,
y veréis lo que me obliga.

Belisa
Yo conozco cierta amiga
que de vos me suele hablar.
  Pero no, que me parece
que os volveréis luego allá.

Tello
Apostaré que te da
según la dama encarece,
  alguna doña Terrible.

Belisa
Pues eso si la burláis,
que a Zaragoza volváis,
lo tengo por imposible.

Juan
     Estando vos de por medio,
aunque sin mi gusto fuera,
con mil almas la quisiera.

Belisa
Yo intento vuestro remedio,
  y quiero que la veáis;
mas primero que se rinda,

cuantas prendas de Lucinda
tenéis, guardáis y adoráis,
   mayormente su retrato,
me habéis de dar.

Juan   Yo haré
que las traiga Tello, en fe
de que ya le soy ingrato.

Belisa   ¿Y será cierto?

Juan   ¿Pues no?

Belisa   ¿Cumpliréislo todo ansí?

Juan   Digo mil veces que sí.
Mas, ¿quién es la dama?

Belisa   Yo.

(Vase [Belisa]. [Tello habla aparte a Finea].)

Tello   ¿Y tú no me quieres dar
una ninfa a quien querer?

Finea   ¿Qué tiene que me volver
de Fabia, después de estar
   un año en aprobación?

Tello   Toda alhaja fregonil
rendiré a tu pie gentil.

Finea   ¿Hay retrato?

Tello   Un San Antón
para tener le pedí
en mi aposento.

Finea   ¿Y que no
verás más a Fabia?

Tello   ¿Yo?
¿Mas quién es la ninfa?

Finea   Mí.

(Vase.)

Tello   ¿Qué sientes de esto?

Juan   Estoy loco.

Tello   Ama, quiere aquí, porfía.

Juan   A tal gracia y bizarría
darle mil almas es poco.
  ¡Con qué gusto dijo: «Yo»!

Tello   Y la picarilla: «¡Mí!».
¿Vas enamorado?

Juan   Sí.

Tello   ¿No ha de haber Lucinda?

Juan   No.

(Vanse. Salen el Conde, Fernando, y músicos.)

Conde	Ninguna cosa, Fernando, me entretiene, estoy perdido.
Fernando	¿Cómo has de hallar el olvido, si estás siempre imaginando?
Conde	Como la imaginación es madre de los concetos, olvidan mal los discretos que celos concetos son. De aquí nace que poetas son los más enamorados, imaginando, engañados, a sus damas tan perfetas.
Fernando	¿En tantas definiciones de amor nunca van hallando la verdad?
Conde	No hay más, Fernando, que ser imaginaciones. ¿Belisa, en fin, se ha casado?
Fernando	El Cardona aragonés es gentilhombre.
Conde	Sí, es, con que más celos me ha dado.
Fernando	él entra en su casa ya con libertad de marido.
Conde	Bastante defensa ha sido,

segura Belisa está,
  que a no ser marido, es cierto
que no sufriera galán,
y menos al tal don Juan.
Cantad algo, que estoy muerto.

(Siéntese en una silla y canten los músicos.)

Músicos   «Antes que amanezca
sale Belisa,
cuando llegue al Soto
será de día.»

Conde   Cuando ese estribo escribí,
qué bizarra la miré.
Cantad la copla, y haré
una endecha para mí.

(Cantan.)

Músicos   «Mañanica de mayo
salen las damas,
con achaques de acero
las vidas matan,
no ha salido el alba,
y sale Belisa,
Cuando llegue al Soto
será de día.»

(Salen Lucinda y Fabia. [Fabia habla aparte a Lucinda].)

Fabia   Formaron tu pensamiento
los celos, que no el agravio.

Lucinda	Por estar herido Octavio nuevos engaños intento.
Fabia	Aquí está el conde.
Lucinda (A Fernando.)	Y qué triste está escuchando cantar. ¿Puede una mujer entrar?
Fernando	Nadie la entrada resiste a tal gracia y hermosura. ¿Señor, duermes?
Conde	¿Qué me quieres?
Fernando	Que te buscan dos mujeres.
Conde	¿Es Belisa, por ventura?
Lucinda	No soy sino la mayor enemiga de esa dama. Lucinda soy.
Conde	Por la fama conozco vuestro valor.
Lucinda	En fe del vuestro he venido a suplicaros.
Conde	Primero tomad una silla.
Lucinda	Hoy quiero satisfacer al oído

de la verdad, que en ausencia,
tanto ha escuchado de vos.

Conde   Satisfaremos los dos
la fama con la presencia.

(Siéntanse. [Retírense los músicos].)

Lucinda   Esta natural pasión,
generoso conde Enrique,
que, contraria de la ira
en nuestros pecho reside,
siempre la he juzgado igual;
y si decirse permite,
ira y amor son lo mismo
porque, como es imposible
que haya amor sin celos y ellos
venganza de agravios piden,
es fuerza que entre la ira
adonde el amor la admite,
como se ve por ejemplos
de esposos y amantes firmes,
que mataron lo que amaban
por celos, de que se sigue
que la ira y el amor
no son diferentes fines
aunque, en principios, contrarios.
Todo este prólogo sirve
de que el amor y la ira
me traen a que os suplique
que a mi remedio el valor
de vuestra sangre os incline,
por la ofensa que también
de mis agravios recibe.

Vino don Juan de Cardona
—yo sé que una vez le vistes—
de Zaragoza a la corte,
caballero de la insigne
casa que en sus armas pone
plumas de pavón por timbre.
Un día que nuestro rey
corrió lanzas, nuevo Aquiles,
descuidada y no de galas
a ver y ser vista vine;
mirando pues con el brío
que la espuela en sangre tiñe
del bridón, que con las alas
del viento las plantas mide,
cuando a la sortija atento
el que a dos mundos asiste
con solo un centro, la lanza
pasa de la cuja al ristre,
y airosamente la lleva,
veo que el don Juan que os dije
atento a las de mis ojos
era de sus niñas lince.
La fiesta hizo fin, y amor
principio, que por oírle
halló lugar y esperanza
de quererme y de seguirme.
Desde aquel día hasta agora
en pretenderme prosigue
don Juan; mas yo, deseando
a mejor fin reducirle,
dile celos y desdenes
—falso arbitrio—, con que hice
que, mudando pensamiento,
otra dama solicite.

ésta, a quien tan bien lo sabe
no es razón que yo la pinte,
si bien en sus bizarrías
cuanto celebran consiste.
Dejáronla mucha hacienda
sus padres; luce y repite
con bostezos de señora
a escuderos y felices.
ésta, pues, que de don Juan
fue la encantadora Circe,
como aquella que entretuvo
sin entendimiento a Ulises,
no solo ha podido hacer
que me aborrezca y olvide,
sin que en el verde Soto
que de puro cristal ciñe
Manzanares, y este mes
de verdes álamos viste,
le llamó marido. ¡Ay, cielos!
¿Cómo pude resistirme?
Desde aquel día me matan
celos y congojas tristes.
Llaméle y díjele amores,
pero apenas quiso oírme,
que ensoberbece a los hombres
ver las mujeres humildes.
A los dos, Enrique ilustre,
una misma ofensa aflige,
y así es justo que a los dos
la misma venganza obligue.
Yo haré de mi parte cuanto
fuere a una mujer posible,
que las más tiernas amando,
con celos se vuelven tigres;

vos de la vuestra, y los dos
para los dos, que si rinden
celos, les daremos celos.
¡Al arma, mueran, suspiren!
¡No se han de casar, que a vos
os toca! O quedemos libres
o vengados, que aunque es fuerte,
no es el amor invencible.

Conde   Ya de vuestra relación
alguna parte sabía,
porque la enemiga mía
me dio a saber la ocasión.
La soberbia y presunción
de Belisa se ha rendido
al título de marido,
y con ser ansí mi amor
se agravia de su rigor,
pues no me permite olvido.
   Por vos y por mí hacer quiero,
en lo que posible fuere,
lo que no contradijere
a la ley de caballero;
que nos venguemos espero,
vos con celos de tan necio
galán, y yo, que me precio
de que estimen mis cuidados,
que es venganza de olvidados
hacer del rigor desprecio.
   Fuera de que puede ser
—perdone vuestro valor—
que, de fingir este amor,
viniésemos a querer;
porque suele suceder

que cosas de amor tratando
dos libres, y no pensando,
que pueden ser verdaderas,
venir a acabar en veras
lo que se empieza burlando.
  Yo me rindo al talle y brío
del galán aragonés,
pero no tanto, después
que Belisa ofende el mío;
entremos a desafío,
dos a dos, adonde espere
vitoria el que más pudiere
en el campo de los dos;
y ayude amor, pues es dios,
al que más razón tuviere.

Lucinda   Cierta será la victoria,
Enrique, si me ayudáis.

Conde   Mirad cómo la trazáis
que resulte en vuestra gloria.

Lucinda   En toda amorosa historia
no es bien que el fin se presuma.
Mujer soy, y será en suma,
con que disculpada quedo,
mío de amor el enredo
y vuestra será la pluma.

Conde   Amor la imprima.

[Fabia habla aparte a Lucinda.]

Fabia   ¿Qué has hecho?

Lucinda	Vengarme de quien me agravia.
Fabia	Loca estás.
Lucinda	Y es cierto, Fabia, con tanto amor en el pecho.

(Vanse las dos.)

Conde	Gran parte del mal desecho con la venganza trazada.
Fernando	¿Qué habéis tratado?
Conde	No es nada.
Fernando	ésta, dama es de don Juan.
Conde	Toma, Fernando, el gabán, y dame capa y espada.

(Vanse. Salen Belisa y Tello.)

Belisa	¿Joyas a mí?
Tello	¿Por qué no, si eres la reina de Troya?
Belisa	¿Cuando está pobre don Juan, finezas tan amorosas? ¿A mí fénix de diamantes?
Tello	Con el verso y con la prosa

que le enviaste, está loco.

Belisa   Pena me ha dado la joya.
                ¿Que se empeñó? ¿Cómo es esto?

Tello   No ha sido empeño, señora,
                sino el paternal dinero
                que vino de Zaragoza;
                que así como vio el soneto,
                dijo con voz amatoria,
                rompiendo medio bufete
                de una puñada, Cardona:
                «¿Hay tan alta bizarría?
                ¡Que una señora componga
                tales versos! ¡Malos años
                para cuantos a Helicona
                van por agua y alcacer!»
                Y luego del baúl toma
                la bolsa zaragocí
                y dijo: «Tendrás agora
                el mejor dueño del mundo».
                Pero respondió la bolsa
                en tiple de los escudos:
                «Mejor soy para la olla.»
                Fuimos a la insigne puerta
                que 'guarda la cara' nombran,
                sepulcro de oro y de seda,
                de tantos cofres langosta
                y para el fénix Belisa,
                fénix de diamantes compra,
                porque el día de San Marcos,
                que del trapo llaman zorras,
                salgas a matar guedejas
                y dar envida a valonas.

73

Pero dime si es posible
reducir a la memoria
el soneto que escribiste.

Belisa   Como yo, de amores loca
no me osaba declarar,
dije ansí:

Tello   Las musas oigan.

Belisa   Canta con dulce voz en verde rama
Filomena dulcísima al aurora,
y en viendo el ruiseñor que le enamora,
con recíproco amor el nido enrama.
    Su tierno amante por la selva llama
cándida tortolilla arrulladora,
que si el galán el ser amado ignora,
no tiene acción contra su amor la dama,
    No de otra suerte al dueño de mis penas
llamé con dulce voz en las floridas
selvas de amor, que oyendo el canto apenas,
    se vino a mí, las alas extendidas,
porque también hay voces filomenas
que rinden almas y enamoran vidas.

Tello   Por Dios, que es soneto digno
de que en sus obras le ponga
la marquesa de Pescara
que Italia celebra y honra.
O, pues también lo merecen,
en las canciones sonoras
de la Isabela Andreína,
representanta famosa,
pues hoy estiman sus versos

París, Nápoles y Roma.
¡Qué sonoridad, qué luces!
¿Y aquello de arrulladora?
¡Mal año para los cultos!
¡Qué claridad estudiosa!
¡Qué cultura! Dará envidias,
aunque laurel les corona
al príncipe de Esquilache
y al rétor de Villahermosa.

Belisa   ¿Eres poeta por dicha?

Tello   Y por desdicha notoria.

Belisa   Porque ese lenguaje, Tello,
a presumir me ocasiona
que haces versos.

Tello   ¡Oh, qué lindo!
Oye una silva a una mona,
a quien requebró un galán
en peso de la noche toda:
   Quedóse en un balcón donde solía,
desde las doce de la noche al día,
hablar cierto galán a una casada
por cerrar la ventana su criada,
el animal que más imita al hombre,
aunque él sabe también tomar su nombre;
la mona con el frío, en la cabeza,
púsose un paño que tendido estaba,
con que la dicha moza se tocaba.
Vino el galán, y atento a su belleza,
tirábale al balcón de cuando en cuando
chinas, con que la mona, despertando,

salió ligera y, en lo alto puesta,
le daba algunos cocos por respuesta.
Pensó que hablaba así por su marido,
y la reja trepó, del hierro asido;
mas queriendo besarla, de tal modo
le asió de las narices que, temiendo
que pudiera sacárselas del todo,
se estuvo lamentando y padeciendo,
hasta que el alba hermosa
vestida de jazmín con pies de rosa,
de ver los dos amaneció riyendo;
ella, del monicidio temorosa,
al pobre amante, en vez de los amores,
de arriba abajo le sembró de flores.

(Sale Finea.)

Finea   Doña Lucinda de Armenta
                y doña Fabia su moza
                te quieren hablar.

Belisa   Di que entren.

Tello   ¿Eso dices?

Belisa   Pues, ¿qué importa?

Tello   Voyme por esotra puerta.

(Vase. Salen Lucinda y Fabia.)

Finea   ¿Qué aguardan? Entren, señoras.

Lucinda   Si vuesa merced se acuerda

de que en la florida alfombra
de Manzanares, un día,
compitiendo con la aurora
amaneció perla en nácar,
o rosa que baña aljófar,
siendo el pimpollo el sombrero,
y vuesa merced la rosa,
yo soy aquella mujer
que engañada de mi sombra,
le pedí el galán prestado
sobre prendas de lisonja;
como le asió de la mano,
y subiendo en su carroza...

Belisa   No es carroza, sin coche,
o vuesa merced, me honra
como llamar licenciado
por la presbítera toga
al que es de prima tonsura.

Fabia   Pienso que se finge boba.

Belisa   Soy cándida.

Fabia   Así parece.

Belisa   Finalmente, ¿en qué se apoya
esta celosa visita?

Lucinda   En que su merced recoja
de noche al señor marido,
porque no es justo que corra
con ella Sotos y Prados
en carroza, coche o posta,

y que, en llegando la noche,
mi puerta y ventanas rompa,
ya con el pomo las unas,
ya con las piedras las otras.
Entró una de ellas por fuerza
y esta cadena me arroja
diciendo que le escuchase.
Escuchéle temorosa,
lloró en fin...

Belisa   ¿Y con bigotes?
                         ¡Válgate Dios por Cardona!

Lucinda   Dióle después en mi estrado
                 tal desmayo, tal congoja,
                 que fue menester volverle
                 con agua de azahar y alcorzas.

Belisa   ¡Qué ventura tener agua!
                 Si no la tenéis, señora,
                 él se queda a buenas noches.
                 ¡Válgate Dios por Cardona!

Lucinda   Díjome de vos mil males:
                 que de día y noche le rondan
                 la puerta criadas vuestras,
                 que os vio aquella tarde sola
                 y que le andáis persiguiendo.

Belisa   ¿Soy una perseguidora?
                 ¿Que yo le persigo dice?
                 ¡Válgate Dios por Cardona!
                 Ahora bien, por el aviso,
                 la sirvo con esta joya

que hoy me ha enviado con Tello,
su famoso guardarropa
porque el día de San Marcos
en la cadena la ponga,
y vea vuesa merced
si ha menester otra cosa
de esta casa, que aquí queda
para su servicio toda.

Lucinda   Porque sé las bizarrías
de esa mano poderosa,
tomo la joya y os beso
la mano ilustre.

[Finea habla aparte a Belisa.]

Finea   Perdona,
que no vi cosa más necia
que la que has hecho.

Belisa   ¿Qué importa?

Fabia   Y vos, señora Finea,
decid a Tello que escoja
otra dama, que después
que a Lucinda mi señora
sirve el conde don Enrique,
también de mí se apasiona
Fernando, su secretario,
y yo le quiero.

Finea   Mejora
vuesa merced de galán.

Lucinda	él y don Juan se dispongan
	a no alborotar mi casa
	que, si otra vez la alborotan,
	castigará su locura
	el conde, porque me adora.
	Y a vuestra puerta en la calle
	aguarda con su carroza
	para que vamos al Prado.

(Vanse las dos, [Lucinda y Fabia].)

Finea	¡Extraña historia!
Belisa	Es historia
	que me ha de costar la vida.
	A la ventana te asoma.
	Mira si es el conde Enrique.
Finea	Mejor es que tú lo oigas,
	que desde el estribo llama.
Belisa	¡Qué libertad! Estoy loca.

(Dentro del Conde.)

Conde	¡Al Prado, cochero, al Prado
	da la vuelta!

(Dentro.)

Lucinda	A la Victoria,
	Magallanes de los coches.
Finea	¡Qué propia voz de celosa!

Belisa	A tanta desdicha mía,
	¡ay de mí!, ¿qué puedo hacer?
	¡Oh, mal haya la mujer
	que del mejor hombre fía!
	Que don Juan de amor de un día
	se volviese a lo que amaba
	primero, en razón estaba;
	¡pero no, querer yo bien,
	y declarárselo a quien
	por otra mujer lloraba!
	Halla un pájaro rompida
	la jaula, y volando al viento,
	cuando goza en su elemento
	de la libertad perdida,
	se acuerda de la comida,
	y vuelve a ver si está abierta,
	con ser su cárcel tan cierta.
	Así los amantes son,
	que con saber que es prisión,
	vuelven a la misma puerta.
	Volvióse la voluntad,
	aragonés caballero,
	sin querer gozar el fuero
	de su misma libertad.
	Fió de su falsedad
	mi enamorada afición.
	¡Oh, qué necia condición
	de una voluntad sencilla,
	fiar alma de Castilla
	a los fueros de Aragón!
	No me pesa, porque fui
	necia, en que don Juan me rinda;
	pésame de que Lucinda

se haya vengado de mí.
Lo que no tuve perdí.
Menos a enojo me incita,
que una mujer más se irrita,
y más con tanto ademán,
que no el quitarle el galán
la burla de quien le quita.

  Lucinda, desdenes tales
han hecho que os quiera bien,
que hay muchos hombres, que a quien
los trata mal, son leales.
¡Oh, Amor, cómo son iguales
en esto buenos y malos!
No vienen con los regalos
y en los celos se resuelven,
que hay hombre perros que vuelven
a donde les dan de palos.

  ¡Qué mal se supo entender
mi ignorante bizarría,
cuando dije que querría
a un hombre de otra mujer!
La disculpa habrá de ser
no de Porcias y Lucrecias,
que, a no haber Amor, si precias
que de ti se libren pocos,
ni se hallaran hombres locos,
ni hubiera mujeres necias.

(Salen don Juan y Tello [hablando aparte].)

Juan   Más de treinta mil ducados
                de dote, sin esta casa,
                tiene Belisa.

Tello	Y las joyas,
	ricos vestidos y alhajas,
	¿son barro? Dichoso eres,
	y advierte, que, si te casas,
	me des también a Finea.
Juan	Yo te la doy.
Tello	¿Aquí estaban?
Juan	Señora mía y mi bien,
	ya el alma se me quejaba
	de vivir en vuestra ausencia,
	si ausente vivo con alma.
Belisa (Aparte.)	(¡Confusa estoy! Lo mejor
	es volverle las espaldas.)
(Vase.)	
Juan	¿Fuese?
Tello	¿No lo ves?
Juan	Finea,
	escucha.
Tello	Tampoco habla.
(Vase Finea.)	
Juan	Tras ella iré.
Tello	¿Para qué?

La puerta cierra a la sala.

Juan   Pues, ¿qué novedad es ésta
                sin que sepamos la causa?

Tello   Habelle dado la joya.

Juan   Tello, en esas puertas llama.

Tello   No he visto amante más pobre.
                Siempre parece que andas
                de puerta en puerta.

(Sale Finea a una ventana.)

Juan   ¿Es Finea
                la que en la ventana aguarda?

Tello   La misma.

Juan   Finea, ¿qué es esto?
                ¿Este término esperaban
                de la señora Belisa
                mi deseo y mi esperanza?

Finea   Dice mi señora...

Juan   ¿Qué?

Finea   Que se vayan noramala.

[Cierra la ventana.]

Juan   Acabóse.

84

Tello	Aquí entra bien: «Para vos traigo una carta.»
Juan	¿Qué habemos de hacer?
Tello	No sé.
Juan	Ven, que yo lo sé.
Tello	¿éstas llaman bizarrías de Belisa: cerrar puertas y ventanas en agarrando la joya?
Juan	Sígueme, que voy sin alma.
Tello	El fénix se ha vuelto cisne que, cuando se muere, canta.

Fin de la segunda jornada

Jornada tercera

(Salen el Conde y Fernando en hábito de noche.)

Fernando   No hay desdén que no se rinda
con servir y porfiar.

Conde   Cansado estoy de ayudar
desaliños de Lucinda.

Fernando   Si Belisa ha conocido
con el ingenio mayor
del mundo que ha sido amor
el de Lucinda fingido,
   no es prudencia darle celos
con ella; mejor sería
conquistar su valentía
con proseguir tus desvelos.
   Lucinda, toma venganza
de don Juan con sus mentiras;
si la ayudas, ¿qué te admiras
de vivir sin esperanza?

Conde   Tienes razón. Ya no quiero
celos. Servirla es mejor
con amor y más amor,
con dinero y más dinero.
   Dar celos suele importar,
esto después de quererme
para despertar quien duerme,
pero no para obligar.
   No hay armas para vencer
una mujer desdeñosa
como otra mujer, ni hay cosa

que tenga tanto poder
   como aquella información
de una amiga con su amiga;
esto las rinde y obliga.
Como de un género son.
   Saben, para herir, tentar
la flaqueza de la espada.
¿No has visto a Eva pintada
y que la viene a engañar
   con el rostro de mujer
que la culebra tomó?
Pues este ejemplar les dio
para engañar y vencer
   a mujeres con mujeres.

Fernando	Celia con Belisa vive; estos días apercibe si obligar a Celia quieres, aquel gran conquistador de voluntades, que llaman oro, y verás si te aman.
Conde	Ya sabe Celia mi amor, y me ha prometido hacer cuanto pudiera por mí.
Fernando	Dos hombres vienen aquí.
Conde	Galanes deben de ser de Lucinda, que le rondan la puerta. Tarde han llegado, pues dos veces he llamado y no hay orden que respondan.

(Salen Belisa y Finea de hombre, con sombreros de plumas y ferreruelos con oro, y dos pistolas.)

Finea   Pienso que has perdido el seso,
                y no debo de engañarme.

Belisa   Todo lo que no es matarme
                no lo tengas por exceso;
                   y ansí con tanta violencia
                amor mi cuerpo desalma
                que no hay potencia en el alma
                que viva su misma esencia.

Finea   ¿Tú a la puerta de Lucinda
                con estos necios disfraces?
                Considera lo que haces
                por más que el amor te rinda,
                   que si nos hallan ansí,
                nos habemos de perder.

Belisa   En viendo que soy mujer,
                ¿qué podrán pensar de mí?
                   Porque si agora me dan
                mil muertes o mil enojos,
                tengo de ver con los ojos
                lo que me niega don Juan;
                   y es justo que ver intenten
                lo que temen y desean,
                porque, como ello lo vean,
                no dirá el alma que mienten.

Finea   Cuantas has hecho hasta aquí
                bien pueden ser bizarrías;
                éstas no, porque porfías

contra tu honor.

Belisa   ¡Ay de mí!

[Fernando habla aparte al Conde.]

Fernando   Paréceme que has tomado,
señor, el medio mejor.

Conde   Celia, dinero y amor
remediarán mi cuidado.

Fernando   Da lugar a estos galanes,
que no llegan a la puerta
por nosotros.

Conde   Verla abierta
merecen los ademanes
  con que miran de Lucinda
las rejas.

Fernando   Vidas perdonan,
valientes son, que pregonan
lo que se precia de linda.

(Vanse los dos.)

Finea   Si con ella está don Juan,
y te escribió aquel papel
de que se casa con él,
o por ventura lo están,
  ¿habemos de estar aquí
hasta que nos halle el alba?

Belisa	Ese papel fue la salva
	del veneno que bebí;
	que no hay veneno más fuerte
	que las letras de un papel,
	pues tantas veces en él
	bebe la vida la muerte.
	Díceme que se desposa
	mañana, y que no hay lugar
	para poderla acabar
	una gala, por costosa,
	de soberbia guarnición,
	que yo le preste un vestido;
	bachillería que ha sido
	mi locura y perdición.
	¿Hay tal modo de pudrir?
	¡Que con mis galas se quiera
	casar!

| Finea | Gente viene, espera. |

| Belisa | ¿Qué, sino solo morir? |

(Salen don Juan y Tello [sin ver a Belisa y Finea].)

| Tello | Yerras, por Dios, en intentar hablalla. |

Juan	Pues, Tello, ¿qué he de hacer cuando imagino
	que he hecho algún celoso desatino,
	aunque Belisa calla,
	por donde la he perdido, y me ha tratado
	con rigor tan cruel, que me ha cerrado
	las puertas y ventanas de tal suerte
	que piensa retirada, y hecha fuerte,
	que puede entrar mi amor a ver su olvido,

en átomo del aire convertido?

Tello   Como la sirve el conde, ser podría
que se enojase, y nunca el que es prudente
hizo pesar al hombre poderoso
por no dar en sus manos algún día;
que el desigual lo que es posible intente
tengo por aforismo provechoso.

Juan   ¡Oh, qué necio Catón! ¡Oh, qué grosero
Séneca! Yo no quiero
quitar su gusto al conde
sin hablar a Lucinda.

Tello   Si responde
como mujer celosa y agraviada,
vendrá a parar en «fuese y no hubo nada».

[Belisa habla aparte a Finea.]

Belisa   Finez, ¿no conoces
estos galanes?

Finea   Quedo, no des voces.

Belisa   ¡No me engañaba yo! ¡Pierdo el sentido!

([Don Juan] llama en casa de Lucinda.)

Finea   Parece que no llama de marido,
que si marido fuera,
la puerta con la aldaba deshiciera.

Belisa   No habrá tomado posesión; agora

92

llamará de galán.

Finea   Mira, señora,
que no es bien que te vea.

Belisa   Yo callaré, mas no podré, Finea.

(Salen Octavio y Julio con otros dos hombres.)

[Hablan aparte.]

Octavio   Julio, hasta agora me duró la herida;
                curéla en fin, mas no curé el agravio.

Julio   Esperando ocasión se venga el sabio.

Octavio   éste es don Juan. Llamando está a la puerta
                de Lucinda. ¡Pues no ha de verla abierta!
                Yo no vengo a reñir, a matar vengo.

[Don Juan y Tello hablan aparte.]

Tello   El conde es éste. Gran sospecha tengo
                que te viene a matar con sus criados.

Juan   Tello, no hay más, morir como soldados.

Tello   Cuatro son, dos me caben. No hayas miedo
                que me divida de tu lado un dedo.

Juan   Pues, Tello, aquí veré si eres valiente.

[Belisa y Finea hablan aparte.]

Belisa	A matar a don Juan viene esta gente.
	A su lado me pongo.
Finea	Y yo te sigo.
Belisa	Finea, defender al enemigo
	fue siempre gran fineza y bizarría.
Octavio	¡Ah, caballeros! Es puerta es mía.
Juan	Pues pase, si pudiere.

[Desenvainan las espadas don Juan y Tello. Belisa y Finea apuntan sus armas de fuego a Octavio y compañeros.]

Julio	¡Octavio, tente!
	Cuatro y los dos con escopetas.
Octavio	Creo
	que burlan mis desdichas mi deseo.
Julio	Vuélvete y no acometas.
Octavio	¿En Madrid escopetas?
	¡Caso, por Dios, terrible!
Julio	A quien quiere matar todo es posible.

(Vanse Julio y Octavio [y los dos compañeros].)

Tello	Todos se han ido con temor del plomo.
Juan	La vida debo a aquestos caballeros.

94

Tello	Huyeron los villanos escuderos;
	de que el conde no fue, sospechas tomo.
Juan	Señores, si es posible conoceros,
	sepa a quién debo defender mi vida
	de tantos enemigos perseguida.

(Vanse las dos [mujeres].)

Tello	Volvieron las espaldas sin hablarte,
	ni quitar los embozos.
Juan	¿Por qué parte
	llegaron estos hombres? ¿Si han bajado
	del cielo en mi favor?
Tello	Mas del tejado,
	porque si ángeles fueran,
	sin escopetas pienso que vinieran,
	que no las hay allá.
Juan	Necia porfía,
	truenos y rayos son artillería.
Tello	Verdad, por Dios, y que mostrarse quiso
	el ángel, que guardaba el paraíso
	con espada de fuego.
Juan	¡Qué necio estuvo y ciego!
	¡Tal me tiene Belisa!
Tello	Fueron con tanta prisa
	que con razón te han dado
	ocasión al milagro imaginado,

que, si en forma de espíritus bajaran,
las alas de penachos coronaran,
pero no los sombreros.

Juan   Ángeles son tan nobles caballeros.
Esta puerta me avisa
del peligro que tengo.
Mejor es ir a ver las de Belisa.
Así la noche paso y entretengo.

Tello   Bien fuera, si te abriera.

Juan   Ella me las abriera si me oyera.

Tello   Una tapia muy baja el jardín tiene
que no es para subir dificultosa.

Juan   ¿Podré yo entrar por ella?

Tello   Ser podría.

Juan   Pues vamos antes que lo estorbe el día
que se traslada de zafir en rosa.

Tello   Mejor fuera salir de tanto empeño
con trasladarle de la cena al sueño.

(Vanse. Salen Belisa, Celia y Finea.)

Belisa   ¿Guardaste las escopetas?

Celia   Ya, Belisa, están guardadas.

Belisa   ¡Sin alma vengo!

Celia	No es mucho,
	pues también fuiste sin alma
	y me has tenido sin ella
	porque de locura tanta,
	¿qué pudiera prometerme
	que no fuera tu desgracia?
	¿Estaba don Juan, por dicha,
	a la puerta de esa dama?
	Aunque dentro es lo más cierto
	pues que mañana se casan.
Belisa	Apenas, Celia, a la puerta
	de la dicha dama estaba
	—que dicha le viene bien
	pues que ninguna le falta—
	cuando a su casa venía,
	cercado de gente y armas,
	cierto agraviado enemigo.
	Si yo no llego, le matan;
	temieron las escopetas
	y, volviendo las espaldas,
	desistieron de la empresa.
Celia	Heroica y dichosa hazaña,
	que fue, mirándolo bien,
	una locura bizarra.
Belisa	Reñísteme con lisonja
	de lo que fui temeraria.
Celia	Acuéstate, que se ríe
	de tus cosas la mañana
	cuyos celajes azules

embisten rayos de plata.

Belisa   No es tan tarde como piensa
tu sueño.

Celia   Estoy desvelada.

Belisa   Harto más lo vengo yo
de tanta celosa rabia.
Responder quiero a Lucinda
la que mañana se casa,
la discreta, la dichosa,
la linda, la bien tocada,
que me ha pedido un vestido
mientras sus galas le acaban,
para que de su vitorias
sean despojos mis galas;
que tal linaje de burla
solo pienso que se usara
conmigo, de quien Amor,
con razón toma venganza.

Celia   ¿Pues no hay mañana lugar?

Belisa   ¿No has visto que cuando tratan
dos hacer un desafío,
el agraviado no aguarda
que salga primero el otro?
Déjame tomar la espada
y matar esta mujer...

Celia   Finea, avisa que tañan.

Belisa   ¡Conmigo doña Lucrecia,

por necia, que no por casta!

Finea   ¿Escribir quieres agora?

Belisa   Pon, Finea, en esa cuadra
                 una bujía y papel,
                 tinta y pluma.

Finea   Pienso que anda
                 por esos aires tu seso.

Belisa   ¡Corre esta cortina! ¡Acaba!

(Corriendo una cortina se desubre un aposento bien entapizado, un bufetillo
de plata, y otro con escritorios, una bujía y el Conde a un lado.)

Belisa   ¡Jesús! ¿Qué hay aquí?

Finea   ¡Ay, señora,
                 un hombre!

Conde   Quedo, no hagas,
                 Belisa, extremos. Yo soy.

Belisa   ¿Vueseñoría en mi casa
                 a tales horas? ¡Ay, Celia!
                 ¡Buen cuidado, gentil guarda!
                 ¿Tú pones en mi aposento
                 al conde y junto a mi cama?
                 ¿Dónde se vio tal traición?

Celia   Si yo salgo a ver quién llama,
                 y en abriendo se entra dentro,
                 y, poderoso, amenaza

mi vida, ¿qué puedo hacer?

Belisa   Decírmelo cuando entrara
y volviérame a salir
donde esta noche pasara
en casa de alguna amiga.

Conde   No estéis, señora, turbada
que, si Amor me puso aquí,
en viendo vuestra desgracia,
él me mostrará también
la puerta por donde salga.
De noche entré, sin pensar
que tanto el Sol se tardara
de amanecer a mis ojos.
Detuviéronme mis ansias,
hablando con Celia, en vos
y, como las horas pasan
tan apriesa por el gusto
sin que las sienta quien ama,
cuando ya me quise ir,
llamastes vos, y esperaba
a salir sin que me viesen.

Belisa   A tan corteses palabras
rindo todos mis enojos.

(Salen don Juan y Tello [y hablan aparte].)

Juan   Entra quedito, que hablan
en la cuadra de Belisa.

Tello   Por Dios, que no era muy baja
la tapia del dicho huerto.

Juan	Difícil era la tapia, si Amor no me diera el pie o me subiera en sus alas.
Tello	Como no me ayudó a mí, por Dios que traigo quebrada la ausencia de la barriga.
Juan	Hombre habla. ¡Cosa extraña!
Tello	¿Hombre aquí? ¿Y a tales horas?
Juan	Tello, ¿quién lo imaginara?
Tello	Ah, señor, ¿cuántas de aquéstas que nos hacen gazapas con los ojitos de miz, tienen el zape en el alma? Las más ricas del honor quiebran tal vez y se pasan como mal papel, que deja en cada letra una mancha.
Juan	Loco estoy. Escucha atento, pues este cancel nos tapa.
Tello	Nadie se fíe en cancel si hablare mal en la sala.
(Al Conde.)	
Belisa	Yo creo a vueseñoría, mas pues Lucinda le agrada,

	¿para qué me busca a mí?
Conde	Para escucharos, ingrata.
Belisa	¿Después de tantos paseos,
	Prado y Fuente Castellana,
	viene a darme este disgusto?
	Mas debe de ser la causa
	que le ha dejado por otro
	su condición, o se engaña.

[Hablan don Juan y Tello aparte.]

Tello	¡Por la tribuna de Dios,
	que es el conde, y que se abrasa
	Belisa de celos!
Juan	¡Cielos!
	No me dejaba sin causa
	Belisa. El conde la goza.
	Hoy hizo fin mi esperanza.
Tello	Vámonos de aquí, señor,
	que si esto adelante pasa,
	te han de sentir y vendréis
	los dos a sacarla espada.
Juan	¿Hay más que matarle?
Tello	¿Cómo?
	¿Matar? ¡Eso que no es nada!
	Y después a caballito
	huyendo por las Italias,
	o por dicha, tú en teatro

lutífero, yo en la hamaca
que llaman finibus terrae
cantando, con media cara
al Sol, el remifasol
con dos pasos de garganta.

Conde   Belisa, yo no he querido
a Lucinda, porque fue
su enredo contra mi fe,
sus celos contra mi olvido;
y porque veáis que he sido
tan galán como señor,
desde aquí dejo el amor,
sin admitirle jamás,
que no es bien que pueda más
mi gusto que mi valor.
   Y, aunque sea a mi despecho,
si vos pretendéis casaros
como decís, estorbaros,
siendo quien soy, no es bien hecho.
Hoy haré salir del pecho
mi esperanza, sin que espere
más que el bien que vuestro fuere;
porque no quiere, ni es justo,
el que quiere más su gusto
que el honor de lo que quiere.
   Hoy viene al suelo la torre
de mi necio y loco amor;
que contra vuestro rigor
el ser quien soy me socorre.
Que también Amor se corre
de ser mal agradecido
viendo, señora, que he sido,
sobre necio y porfiado,

para galán desdichado
y grande para marido.
    Palabra os doy de ayudaros
con el que lo fuere vuestro,
con que presumo que os muestro
tanto amor como en dejaros;
con esto pienso obligaros
sin volveros a cansar,
que un hombre que con amar
nunca pudo merecer,
cuanto cansa con querer,
obliga con olvidar.

(Vase.)

Belisa   Alumbra a su señoría,
            Finea.

Celia   ¡Valor notable!

Conde   ¿Quién está aquí? Alumbra.

(A Finea.)

Belisa   ¿Cómo?
            ¿Gente en mi casa?

Juan   No saque
            la espada, vueseñoría.

(Empuña la espada y tercia la capa.)

Conde   ¿Cómo no, viendo esperarme
            detrás de un cancel dos hombres?

	Belisa, ¿traiciones tales con un hombre como yo?
Belisa	¿Hay desdicha semejante? Celia, ¿qué es esto?
Celia	Que al conde puse yo donde le hallaste es verdad, no los demás.
Juan	Señor conde, no os espante esta locura de amor.
Conde	Amor no puede espantarme, que juzga mal de la culpa quien en ella tiene parte. Admírome de Belisa que con tantos ademanes y melindres, en su casa tenga hombres a horas tales, escondidos en canceles. Y así para no empeñarme en más de lo que es razón, porque no es justo que os mate por delito de marido; y guardaos de que os halle por casar, que ¡vive Dios, que todo el mundo no baste a defenderos la vida!
Juan	Pues, señor, sin escucharme...
Conde	Es presto para paciencias y para disculpas tarde.

(Vase y Celia con él.)

Juan   ¿Es ésta, ingrata Belisa,
la causa para matarme?
Justamente enmudecías
cuando yo llegaba a hablarte.
Justamente me cerrabas
las puertas; pero sin llaves
supo entrar Amor a ver
los agravios que me haces.
Paredes abren los celos
cuando ven que no le abren;
que, como los llaman linces,
no hay cosa que no traspasen.
Jurisdicción son de Amor
todos los verdes lugares.
Al jardín debo el que tuve;
tanto un desengaño vale.
A las cuatro de la noche,
si es bien que noche se llame,
cuando ya llama el aurora
a las puertas orientales.
¿Un señor en quien concurren
tan notables calidades
en tu aposento? ¿A estas horas
de tu casa el conde sale?
Si en tu calle no haya vecino
que ahora esté por levantarse
y echas en la calle un hombre,
¿cómo quiere tú que calle?
En la calle no hay secreto;
que en llegando a despejarse
tanto el honor, no presumas

que guarden secreto a nadie.
Si amabas a don Enrique,
di, ¿para qué me engañaste?
Que nunca fue valentía
ser las mujeres mudables.
Dejárasme con Lucinda.
¡Mal por mal! Nunca tan tarde
hombre en su casa hallé
de quien pudiese quejarme.
Desde tu casa me voy
a Aragón para olvidarte.
¡Dios me libre de Castilla!
Para conocerla baste
que el ejemplo de tu amor
me castigue y desengañe.
Si volviere a verla, ¡cielos!,
traidora espada me mate,
o el más amigo me venda,
y el más obligado pague
con malas mis buenas obras,
y a mi enemigo se pase.
Perdone el hábito el rey
que ya, con tantos pesares,
me han dado Santiago celos,
y es mejor morir en Flandes.

Belisa   ¿Acaba vuesa merced
su plática lamentable?
¿Tiene esa larga oración
epílogo que la ensarte?
¿Ha de haber «no has visto» y esto
con que acaban los romances
para vulgar chacota
que llaman versos finales:

«Cuánto apacible severo,
cuánto tierno inexorable,
cuánto rendido tirano,
y cuánto humilde arrogante?»
Prosiga vuesa merced.

Juan   ¿Burlas en veras tan grandes?
¿Cuando agravios, niñerías
y cuando rabias, donaires?

Belisa   Gentilhombre aragonés,
el de la ley del encaje,
Juan por la gracia de Dios,
Cardona por lo picante;
si habemos de hablar de veras,
si se han de tratar verdades,
si descubrirse los pechos,
si las almas declararse,
diga, rey, si vino aquí
su ninfa, que Dios le guarde,
aquella a quien solo faltan
las alas para ser ángel;
aquélla que escribe en culto
por aquel griego lenguaje
que no le supo Castilla
ni se le enseñó su madre;
aquélla, en fin, cuyos ojos
llaman a tantos galanes,
que es el búho de la corte
—quiera Dios que se los saquen—
y me dijo que le rompe
las puertas con ansias tales,
y con ruegos tan humildes
que de lástima le abre;

que se desmaya en su estrado
—no es mucho que se desmaye
pues llora con bigotera
y hace pucheros infantes—.
¿Cómo quiere el buen Cardona
y con la boda que añade
en este papel su ninfa,
que sufra yo que se case,
porque mañana ha de ser,
y me pide la ignorante
vestidos para la boda
mientras los suyos se acaben?
Váyase vuesa merced,
que ya es de día, a acostarse
porque para desposado
sin ojeras se levante,
y para hacerse la barba,
que es capítulo inviolable
para ser más mozo el novio,
y la señora enrizarse.
Y sepa que he sido ejemplo
entre mujeres leales,
porque la que sale firme
es roca al mar, palma al aire.
No truje al conde a mi casa,
que, ausente yo, pudo entrarse
en ella; si culpa tuvo
Celia, entre los dos la saben.
La prueba de estar ausente
es haber ido a buscarle
y deberme ya dos vidas,
que porque no le matasen,
la mía puse a peligro
con cuatro espadas delante,

con las armas que temieron
los que quisieron matarle.
¿Es esto, como presume,
echar en la calle amantes?
¿Es esto mudar de fe?
¿Es esto ser inconstante?
¿Es esto tener yo culpa
de ausentarse y de casarse?
¿Por mí se vuelve a Aragón,
y desde Aragón a Flandes?
La joya le di a Lucinda
de aquel fénix de diamantes;
que para mí mueren fénix,
y para Lucinda nacen.
¿No respondes?

Juan   ¡Apenas puedo!

(A Finea.)

Tello   ¿Y tú, no tienes que darme
                        alguna disculpa?

Finea   Tello,
                        pellejo de zorra traes.
                        Con la barbada mesura
                        con el cansado desaire,
                        que, habiendo sido de Fabia
                        pretensor fregonizante,
                        ¿me pides que dé disculpa?

Tello   ¿De Fabia yo?

Finea   ¿Pues negarme

110

quieres la verdad?

Tello   ¿Yo?

Finea   Sí.

Tello   Plega a Dios que me desgarre
                       un oso las pantorrillas,
                       o que mi dinero en parte
                       le ponga que esté dudoso,
                       pues hay cofres que le guarden;
                       o que, sacando un vestido,
                       me pida después el sastre
                       más seda y más guarnición;
                       o que, por diciembre pase
                       en un rocín sin espuelas
                       por la calle de Getafe,
                       y que de lerdo y mohíno
                       en cada mesón me pare;
                       o que tenga un pleito en quien
                       paciencia y dineros gaste;
                       que es maldición en que todas
                       cuantas tiene el mundo caben.

Juan   Oh, Belisa, ¿qué habrá que no se intente
                       con celos? Yo estoy ya desengañado,
                       si tú lo estás. Su necia envidia aumente
                       Amor, que tantas penas te ha costado.
                       La vida, que le debo justamente,
                       mientras viviere me tendrá obligado.
                       Tú, mira cómo quieres y en qué parte
                       pueda, satisfaciéndote, vengarte;
                          que como agora sale el claro día
                       por la boca del Sol y va rompiendo

la oscura sombra de la noche fría
abriendo flores y cristal luciendo,
a tus ojos saldrá la verdad mía
la noche de Lucinda descubriendo;
y entonces los regalos, los amores,
unos serán cristales y otros flores.
    ¿Puedo hacer más? ¿Qué pueda tu deseo
hacer de mí?

Belisa
           Yo quedo satisfecha,
y que es enredo de Lucinda creo;
mas todo sin vengarme, ¿qué aprovecha?
Que en el estado que mis cosas veo
y para deshacer toda sospecha,
tú has de ser dueño en fe de mi esperanza,
de la satisfacción, y la venganza.
    Yo te diré el engaño que he pensado
para salir de todo con vitoria.

Juan
A obedecerte estoy determinado
en celos, en amor, en pena, en gloria.

Belisa
Pues vete y vuelve, y ten de mí cuidado.

Juan
¿Cómo podrá faltar de mi memoria?

Belisa
¡Adiós, don Juan!

Juan
          Muriendo me desvío.

Tello
¡Adiós, zampoña!

Finea
         ¡Adiós, tabaco mío!

(Vanse. Salen el Conde, Lucinda y Fabia.)

Lucinda   ¡Notable resolución!

Conde   Si me sucedieran bien.
Mas fue mayor su desdén
que su atrevida afición.

Lucinda   El oro en toda ocasión
es el primer movimiento.

Conde   Celia, en su mismo aposento
me dio bastante lugar,
pero no supe igualar
mi dicha a mi atrevimiento.
   Pero, ¿quién pudiera creer
que fuera de casa estaba
Belisa, cuando llegaba
la noche a dejar de ser?
No tuvo qué defender
de mis locos desatinos;
que nací, cuando mis sinos
fueron encontrados bandos,
donde enloquecen Orlandos,
donde no fuerzan Tarquinos.
   Cual suele un desafiado
que a su contrario esperó
que hasta que venir le vio,
blasonaba confiado
y, en viéndole, de turbado
mudarse descolorido;
pues así mi amor ha sido
hasta que a Belisa vi;
que en viéndola me rendí

antes de haberme rendido.
    Salí muy necio, en efeto,
y es porque entré confiado
aunque un hombre despreciado,
¿cómo puede ser discreto?
Hallé, escuchando en secreto
al salir, vuestro don Juan.
Disculpa los dos me dan
si de este nombre se llama
tener en casa la dama
a media noche el galán.
    Enojéme con razón;
mas llegando a conocer
que se pudiera ofender
su crédito y opinión,
no puse en ejecución
con entrambos mi pesar;
que ni a él le dejé hablar
ni a ella después mentir
porque no queda qué oír
en no habiendo qué esperar.

Lucinda
    Yo me canso injustamente.
él la adora, ¿qué porfío?

Conde
¡Ay, del pensamiento mío
que mayor agravio siente!

Fabia
Si no parece que miente
sombra de imagen incierta,
tu don Juan está a la puerta.

Lucinda
¿Qué don Juan?

Fabia	El de Cardona.
Lucinda	¿él mismo?
Fabia	El mismo en persona.
Lucinda	Esté mil veces abierta.

(Salen don Juan y Tello.)

Juan
    Huélgome de hallar aquí,
señor, a vueseñoría,
no para disculpa mía
si es que anoche le ofendí,
    sino porque de Belisa
traigo a los dos un recado.

Lucinda   Buen mensajero ha buscado.

Conde   ¿Qué me manda?

Lucinda   ¿Qué me avisa?

Juan
    Díjome que en un papel
que Lucinda le escribió
que por eso me llamó
para darme parte de él,
    la escribe, que hoy se desposa,
que a tanta ventura tengo,
que yo propio a daros vengo
las gracias, Lucinda hermosa,
    y que en razón del vestido
que le honréis tiene a favor
sus galas, con el mejor

y que nunca le ha servido.
    Y os envía a suplicar
que, de su mano tocada,
salgáis a ser envidiada
y a no tener qué envidiar;
    y que si también queréis
—tanto desea obligaros—
en su casa desposaros,
de ser madrina la honréis.

Lucinda   Para deciros verdad,
picarla fue mi deseo,
pero ya después que veo
la vuestra y su voluntad,
    hallo que lo que ha de ser,
por de burlas que se intente,
viene a ser por accidente.

Conde   Y yo acabo de entender
    que Belisa no tenía
a don Juan amor perfeto,
porque todo ha sido efeto
de sus misma bizarría;
    que su extraña condición
la obligaba a darle celos
a Lucinda.

Juan   De los cielos
era justa obligación
    favorecer mi verdad.

Lucinda   Por obligaros ha sido
fingir mi amor tanto olvido
y desdén tanta lealtad.

¡Oh, cuánto en amor alcanza
la porfía y la razón,
pues convierte en posesión
la más perdida esperanza!
    Iré en casa de Belisa
pues, de hacerme tal favor
con tan buen embajador,
por más crédito, me avisa.
    Y suplico al señor conde
que se halle a honrarme también.

Conde   Con daros el parabién
mi obligación corresponde.
    Juntos nos podemos ir.

Lucinda   Dadme la mano, don Juan.

Tello   Novio y padrino se van.
¿Tienes algo que decir?

Fabia   Que envidio los desposados,
Tello, por quererte bien.

Tello   Dame la mano también.
Dios nos haga bien casados.

([Vanse.] Salen Belisa, muy bizarra, y Celia.)

Celia   No te espante que pregunte
para qué es tan nueva gala
y vestirse a tales horas.

Belisa   Celia, mis locuras andan
por acabar de una vez

con esta necia esperanza.
Nací con inclinación
a todo amor tan contraria
que no pensé que en mi vida
a querer la sujetara
discreción y gentileza;
pero no hay soberbia humana
sin contradicción divina.
Fundé mi loca arrogancia
en que no hubiese mujer
que no rindiese las armas
a mi libre entendimiento;
y estoy tan desengañada
que no solo Amor castiga
con tantas celosas ansias
mi libertad, pero ha hecho
que su burle la ignorancia
de mi altiva presunción
de suerte que no me agravia
tanto en quitarme a don Juan
como en que piense muy vana
que rinde mi entendimiento;
y si agora no me falta,
de los dos agravios pienso
hacer a un tiempo venganza.

Celia	No sé si aciertas.
Belisa	Yo sí.
Celia	Ya te dije la mañana que fuimos las dos al Soto que el Amor te castigaba tanto desdén y desprecio.

Belisa	Coche a nuestra puerta para. Si la desposada viene, ninguna ventura iguala a sacar burla de burla y venganza de venganza.

(Sale Finea.)

Finea	Una galera de tierra, con clavos de oro por jarcias, cortinas por altas velas de tela riza de nácar, y por remos que le mueven cuatro cisnes de Alemania, con la señora Lucinda en tu portal desembarca.
Belisa	¿Viene muy hermosa?
Finea	Viene contenta.
Belisa	Bien dices. Basta. No hay mujer alegre fea ni triste hermosa.
Finea	Ya amainan.

(Salen Lucinda, Fabia, el Conde, don Juan, Tello, y criados acompañando.)

Belisa	Vuesa merced, mi señora, honre aquesta humilde casa mil veces en hora buena.

Lucinda	Vuesa merced otras tantas favorezca mi humildad.
Belisa	Tan bien vestida y tocada ya no querrá que la sirve con cuidado ni con galas.
Lucinda	No ha sido por no tener del favor desconfianza mas por excusaros pena.
Conde	Todo cumplimiento cansa. Resta, señora Belisa, pues aquí nos acompañan tantos criados, que sean testigos de que se casan Lucinda y don Juan.
Belisa	¿Quién? ¿Cómo?
Conde	Lucinda y don Juan.
Belisa	¡Extraña novedad! ¿Quién os lo dijo?
Lucinda	¿Cómo quién? Agora acaba de decírnoslo don Juan.
Belisa	Don Juan, o el sentido os falta, o no me entendistes bien; que yo a decir enviaba que viniese a ser madrina quien viene a ser desposada.

Lucinda	¿Madrina? ¿De quién?
Belisa	De mí.
	Y que al conde suplicaba
	me honrase y favoreciese
	como me dio la palabra.
	¿Díjeos esto?
Juan	Así es verdad,
	mas mi turbación fue tanta
	que erré el recado, mas tengo
	disculpa si me la pasan
	por la necedad primera.
Lucinda	Ha sido necia venganza,
	pero yo la tomaré
	de los dos. Solo me espanta
	que esto sufra el conde.
Conde	Yo
	tengo, Lucinda, empeñada
	la palabra. Deteneos,
	y pues que también me agravian,
	consolaos conmigo y dalde
	por mí, pues ya los aguarda,
	el parabién con los brazos.
Lucinda	Más vale volver burlada
	que corrida. Yo los doy.
Belisa	Yo a vos también con el alma.
	Quedemos las dos amigas;
	y el señor don Juan, que calle,

me dará la mano a mí
pues que con tan buena gracia
erró el recado.

Juan   Yo hice
lo que mi dueño me manda.

Tello   Y yo me agarro a Finea.
Perdone, señora Fabia,
que he menester esta alcorza.

(A Finea.)   Con esta mano te llama
mi amor, ¿qué aguardas?

Finea   ¡Ay, Tello!
¿ésa es mano o es patata?

Belisa   Senado ilustre, el poeta,
que ya las musas dejaba,
con deseo de serviros
volvió esta vez a llamarlas,
para que no le olvidéis,
y aquí la comedia acaba.

Fin de la comedia

Libros a la carta

A la carta es un servicio especializado para
empresas,
librerías,
bibliotecas,
editoriales
y centros de enseñanza;
y permite confeccionar libros que, por su formato y concepción, sirven a los propósitos más específicos de estas instituciones.

Las empresas nos encargan ediciones personalizadas para marketing editorial o para regalos institucionales. Y los interesados solicitan, a título personal, ediciones antiguas, o no disponibles en el mercado; y las acompañan con notas y comentarios críticos.

Las ediciones tienen como apoyo un libro de estilo con todo tipo de referencias sobre los criterios de tratamiento tipográfico aplicados a nuestros libros que puede ser consultado en Linkgua-ediciones.com.

Linkgua edita por encargo diferentes versiones de una misma obra con distintos tratamientos ortotipográficos (actualizaciones de carácter divulgativo de un clásico, o versiones estrictamente fieles a la edición original de referencia).

Este servicio de ediciones a la carta le permitirá, si usted se dedica a la enseñanza, tener una forma de hacer pública su interpretación de un texto y, sobre una versión digitalizada «base», usted podrá introducir interpretaciones del texto fuente. Es un tópico que los profesores denuncien en clase los desmanes de una edición, o vayan comentando errores de interpretación de un texto y esta es una solución útil a esa necesidad del mundo académico.

Asimismo publicamos de manera sistemática, en un mismo catálogo, tesis doctorales y actas de congresos académicos, que son distribuidas a través de nuestra Web.

El servicio de «libros a la carta» funciona de dos formas.

1. Tenemos un fondo de libros digitalizados que usted puede personalizar en tiradas de al menos cinco ejemplares. Estas personalizaciones pueden ser de todo tipo: añadir notas de clase para uso de un grupo de estudiantes, introducir logos corporativos para uso con fines de marketing empresarial, etc. etc.

2. Buscamos libros descatalogados de otras editoriales y los reeditamos en tiradas cortas a petición de un cliente.

www.ingramcontent.com/pod-product-compliance
Lightning Source LLC
Chambersburg PA
CBHW021932040426
42448CB00008B/1034